중고등학생을 위한

표준 한국어

의사소통 1

중고등학생을 위한

표준 한국어

국립국어원 기획·심혜령 외 집필

의사소통 1

마리북스

발간사

　다문화가정 학생 수는 매년 증가하여 2018년 12만여 명에 이릅니다. 그런데 중도입국자녀나 외국인 가정 자녀와 같은 다문화 학생들은 학령기 학생에게 기대되는 한국어 능력 수준에 이르지 못하는 경우가 많습니다. 이는 다문화 학생이 교과 학습 능력을 갖추지 못하거나 또래 집단 문화에 적응하지 못하는 결과로 이어지고, 결국 한국 사회에 안정적으로 정착하는 데 어려움을 겪는 주요한 원인이 됩니다. 따라서 다문화 학생을 위한 교육 지원은 보다 전문적이고 체계적으로 이루어져야 합니다.

　학령기 한국어 학습자를 위한 정부 지원은 교육부에서 2012년에 '한국어 교육과정'을 개발하여 고시하였고, 국립국어원에서 교육과정을 반영한 학교급별 교재를 개발하면서 본격적으로 이루어졌습니다. 그 후 '한국어 교육과정'이 개정·고시(교육부 고시 제2017-131호)되었습니다. 이에 국립국어원에서는 2017년부터 개정된 교육과정에 따라 한국어 교재를 개발하고 있으며, 그 첫 번째 결과물로 초등학교 교재 11권, 중고등학교 교재 6권을 출판하게 되었습니다. 교사용 지도서는 별도로 출판은 하지 않지만 국립국어원 한국어교수학습샘터에 게시해 현장 교사들이 무료로 이용할 수 있게 하였습니다.

　이번 교재 개발에는 언어학 및 교육학 전문가가 집필자로 참여하여 한국어 교육의 전문적 내용을 쉽고 친근하게 구성하기 위해 노력하였습니다. 특히 이 교재는 언어 능력 향상뿐만 아니라 서로 다른 문화를 이해하여, 한국 사회 구성원으로서 정체성을 확립하는 데 도움이 되도록 개발하였습니다.

　아무쪼록 《표준 한국어》 교재가 다문화가정 학생들이 한국어를 쉽고 재미있게 배워서 한국 사회에서 자신의 꿈을 키워나가는 데 도움을 줄 수 있기를 바랍니다.

　끝으로 이 교재의 개발을 위해 최선의 노력을 기울여 주신 교재 개발진과 출판사에 깊은 감사의 말씀을 드립니다.

2019년 2월
국립국어원장 소강춘

머리말

최근 우리 사회는 본질적이고도 구체적인 국제화, 다문화 시대를 맞이하고 있습니다. 국제결혼, 근로 이민, 장단기 유학, 나아가 전향적 방향에서의 재외 동포 교류, 새터민 유입 등의 여러 가지 요인에 의해 지금까지의 민족 공동체, 문화 공동체, 국가 공동체의 개념을 뛰어 넘는 한반도 공동체의 시대를 살아가게 된 것입니다.

이 한반도 공동체 시대에 다양한 기반의 공동체 구성원들이 다 함께 행복하기 위해서는 사회가 보다 정의롭고 공정해야 하는데, 이를 위한 사회적 행동의 출발은 교육, 그중에서도 한국어 교육이라고 말할 수 있습니다. 특히 다문화 배경의 학령기 청소년, 이른바 KSL 학습자들의 경우, 이들 역시 우리 사회의 미래 주역이라는 점에서 우리 사회의 건강한 미래를 위해서는 이들 모두가 순조롭게 정착하고 공정하게 경쟁하여 발전할 수 있도록 의사소통 능력과 학업 이수를 위한 교육적 지원을 적극적으로 해 주어야 합니다. 이것이 바로 KSL 교육의 존재 이유이자 목표라 할 것입니다.

다행히 우리 사회는 이 부분에 있어 사회적 공감과 정책적 구체화에 일찌감치 눈을 떠 이미 2012년에 '한국어 교육과정'을 마련하였고 그에 따라 한국어(KSL) 교육이 공교육 현장에서 시행되어 오고 있습니다. 그리고 몇 년간의 시행 끝에 보다 고도화되고 구체화된 교육과정이 2017년에 개정되었고 그 교육과정의 구체적 구현으로서의 교재가 새로이 개발되기에 이르렀습니다. 교과 내용 설계에 대한 이론적, 행정적 검토를 거쳐, 학교생활 기반의 의사소통 능력 강화를 위한 교육 내용과 학업 이수 능력 함양의 필수 도구가 되는 한국어 교육 내용을 확정하여 교재로 구현하게 된 것입니다.

이 교재는 몇 가지 점에서 특별한 의미를 가지고 있습니다. 우선 체제 면에서 획기적인 시도를 꾀하였습니다. 이미 학습자 중심의 자율 선택형 모듈화 교육이 전 세계적으로 주목받으며 새로운 교육 방법으로 자리 잡아 가고 있는 데에 발맞추어, 학습자와 교육 현장의 개별성에 맞게 활용할 수 있는 확장성과 활용성을 높인 '개별 교육 현장 적합형 모듈 교재'로 만들어 낸 것입니다.

또한 이 교재는 학령기 청소년 학습자를 대상으로 하는 교재라는 특성에 맞게 디지털 교육 방법론을 적극 수용하였습니다. 모바일 및 인터넷 환경이 충분히 구비된 현실에서 모바일에 익숙한 청소년들의 흥미를 도모하면서 동시에 종이 교재의 일차원적 한계를 극복하여 보다 입체적인 교육이 가능할 수 있도록 구성하였습니다. QR 코드를 적극 활용하여 공간을 초월한 입체적 확장을 꾀하면서 더 많은 정보를 선별적으로 받아들일 수 있도록 하였습니다. 또한 대화를 웹툰 형식의 동영상으로 구성하여 실제성과 재미를 더한 회화 교재 역할을 할 수 있도록 하였습니다.

이 교재는 개정 '한국어(KSL) 교육과정'에서 설정한 '의사소통 한국어'와 '학습 도구 한국어'를 구체화하여 교육 내용으로 구현하였다는 점에서 의미가 있습니다. 이제 앞으로 학령기의 청소년 한국어 학습자들이 이 교재를 좇아 학습함으로써 학교 안팎에서 의사소통하는 데에 필요한 한국어 능력을 단계적으로 익혀갈 수 있게 되었습니다. 또한 단계별 한국어 능력에 맞춘 학습 능력 강화를 돕는 '학습 도구 한국어'의 구체적 구현도 교재를 통해 이루어 냈습니다. 학업 이수에 핵심이 되는 학습 활동과 사고 기능, 학습 기능 등을 한국어 단계에 맞게 설정하여 학습 도구 한국어 교재 내용으로 구현함으로써, 한국어(KSL) 교육에서 학습 도구 한국어란 무엇인가를 교재를 통해 확인할 수 있게 되었습니다.

이렇듯 다문화 배경의 학령기 청소년이 공정하게 경쟁하며 꿈을 펼칠 수 있도록 학교 안에서 준비할 수 있는 기회를 주어야 한다는 인식 위에서 진행된 이번 교재 개발은, 여러 기관과 많은 관계자들의 지원과 노력이 없이는 불가능한 것이었습니다. 우선 이 새롭고 의미 있는 교재가 완성되기까지 지원을 아끼지 않으신 교육부와 국립국어원 관계자 여러분들께 깊이 감사드립니다. 또한 새 시대에 맞는 교재를 만들어 보자는 도전 의식과 책임감을 가지고 밤낮없이 연구하며 이 교재를 개발, 완성해 온 집필진 모두에게 진심에서 우러나오는 감사를 드립니다. 더불어 시대의 흐름과 청소년 학습자 선호도에 맞춘 편집과 그림 및 동영상으로 새 시대 교재의 획을 그어 주신 출판사 마리북스에도 감사의 말씀을 드립니다.

이 교재 집필진 및 관계자와 이 사회 구성원 모두의 지지와 염원이 담긴 본 교재가 다문화 배경을 가진 청소년들이 우리 공동체 속에서 동등하게 살아가며 자신의 꿈을 실현하는 데에 있어 중요한 역할을 할 수 있기를 희망합니다.

2019년 2월
저자 대표 심 혜 령

일러두기

소개

《중고등학생을 위한 표준 한국어》〈의사소통 1〉은 다문화 배경을 가진 청소년 학습자들이 일상생활과 학교생활에서 필요한 초급 수준의 한국어를 학습할 수 있도록 설계되었다. 한글을 익히기 위한 예비 단원을 두었으며, 초급 수준의 한국어 학습자가 꼭 알아야 하는 일상생활과 학교생활을 주제로 다룬 8개 단원으로 구성하였다.

구성

필수 학습(1~6차시)	선택 학습(시수 외)	선택 학습(7~10차시)

꼭 배워요	문화	더 배워요

교재의 각 단원은 크게 '꼭 배워요' 영역과 '더 배워요' 영역으로 구분되어 있다.

'꼭 배워요'는 해당 등급과 주제에서 필수적으로 다루어야 하는 교육 내용으로 구성하였다. '꼭 배워요'는 '어휘를 배워요'와 '문법을 배워요'로 구성된다.

'더 배워요'는 '꼭 배워요'와 연계되어 해당 등급과 주제에서 선택적으로 다룰 수 있는 교육 내용으로 구성하였다. '더 배워요'는 '대화해 봐요'와 '읽고 써 봐요'로 구성된다.

'꼭 배워요'와 '더 배워요' 사이에는 '문화' 영역을 배치하여, 다문화 배경을 가진 청소년 학습자들의 한국 적응 및 학교생활 적응을 돕고자 하였다.

교재 활용 정보

교재 사용의 순서나 방법의 예를 들자면 다음과 같다.

한국어 교과 운영을 위한 시간이 충분히 확보되어 있는 교육 현장의 경우는 〈의사소통〉 교재의 '꼭 배워요', '더 배워요'를 모두 차례대로 사용할 수 있다.

초급 단계에서 충분한 수업 시수 확보가 어려운 교육 현장의 경우라면, '꼭 배워요'를 우선적으로 다룬 뒤 '더 배워요'를 부가적으로 다룰 수 있다.

단원의 구성

단원 도입

· '도입'에서는 단원 전체의 내용을 전망할 수 있도록 하였다.
· 단원의 제목은 '꼭 배워요'에서 제시된 문장 중 단원을 대표할 수 있는 것을 선정하여 제시하였다.
· '도입'에 그려진 '집'은 각 단원에서 구성하고 있는 교육 내용을 시각화한 것이다. 이를 통해 단원의 각 영역에서 무엇을 배우는지 확인할 수 있으며, 단원의 전체 구성 및 각 교육 영역의 성격 또한 파악할 수 있다.

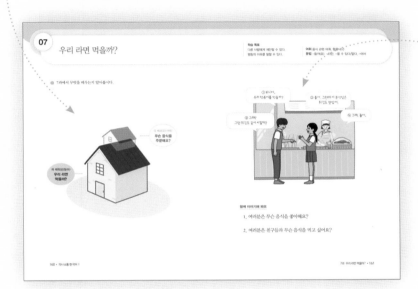

[꼭 배워요] 도입

· 단원의 '꼭 배워요'에서 구현하고자 하는 학습 목표와 어휘, 문법을 구체적으로 제시하였다.
· '꼭 배워요'의 학습을 도입하기 위한 대화문과 삽화를 제시하였다.
· 학습자가 단원의 주제와 목표를 학습하기 위해 필요한 배경지식을 자연스럽게 떠올릴 수 있는 질문을 제시하였다.

[꼭 배워요] 어휘를 배워요

· '한국어 교육과정'에서 제시하고 있는 '의사소통 한국어'의 언어 재료를 중심으로, 국립국어원에서 발간된 연구 보고서인 '한국어 교육 어휘 내용'과 '국제 통용 한국어 표준 교육 과정'에서 분류, 제시한 어휘 목록을 참고하여 각 단원의 등급 수준과 주제에 맞는 어휘를 선택하여 구성하였다.
· 제시해야 할 어휘들의 성격에 따라 다양한 방식으로 어휘를 제시하였다.
· 단원의 주제를 중심으로 선정된 주제 적합형 어휘는 삽화를 활용하여 제시하였으며, 해당 등급에서 요구되는 등급 적합형 어휘의 경우 어휘 상자를 배치하여 추가로 제시하였다.

[꼭 배워요] 문법을 배워요

- '한국어 교육과정'에서 제시하고 있는 '의사소통 한국어'의 '학령적합형 교육 문법'을 기본으로, 국립국어원의 '한국어 교육 문법·표현 내용'과 '국제 통용 한국어 표준 교육과정'의 문법 목록을 참고하여 각 단원의 등급 수준과 주제, 기능에 적합한 것을 선택하여 구성하였다.
- 목표 문법이 사용되는 가장 대표적인 장면을 삽화로 제시하여 학습자들이 문법의 정보를 보다 쉽게 이해할 수 있도록 하였다.

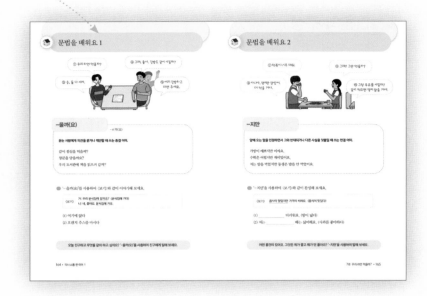

- 국립국어원의 '한국어 기초 사전'의 정의를 기본으로 한 설명과 해당 문법의 용법을 가장 잘 보여 주는 용례를 제시하였으며, 문법의 형태 및 결합 정보도 함께 제시하였다.

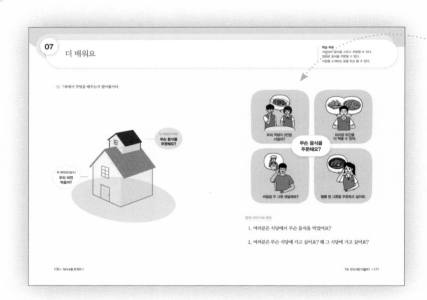

[더 배워요] 도입

- 단원의 '더 배워요'에서 구현하고자 하는 학습 목표를 구체적으로 제시하였다.
- '더 배워요'의 학습을 도입하기 위한 삽화와 주제어, 표현 등을 제시하였다.
- 학습자가 단원의 주제와 목표를 학습하기 위해 필요한 배경지식을 자연스럽게 떠올릴 수 있는 질문을 제시하였다.

[더 배워요] 대화해 봐요

- '대화해 봐요'는 단원의 주제와 목표 문법, 언어 기능, 관련 맥락을 포괄한 문장들로 구성하였다.
- '대화해 봐요'에는 '꼭 배워요'에서 확장된 추가 어휘 및 표현이 등장한다.
- '대화해 봐요'는 말하기와 듣기가 통합된 교육 영역으로 등장인물들이 대화하는 것을 듣고 따라 하며 말하기와 듣기 능력을 모두 향상할 수 있다.

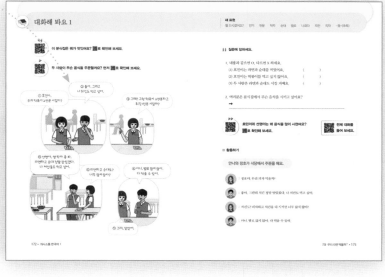

- '대화해 봐요'의 교육 내용은 전, 중, 후로 구성되어 있고, 목표 문형과 표현은 중 단계에 구현되어 있다. 중 단계는 만화로 제시된다.
- 전 단계와 후 단계는 중 단계의 전후 내용인데 듣기 형태로 제시된다. QR 코드를 통해 등장인물들이 대화하는 모습을 동영상으로 감상할 수 있다.
- 등장인물들의 대화를 듣고 내용을 확인하는 문제와 새로 나온 문형과 표현을 연습할 수 있는 말하기 활동이 제시되어 있다.

[더 배워요] 읽고 써 봐요

- '읽고 써 봐요'는 '대화해 봐요'의 장면에서 등장할 수 있는 문자 매체를 선정하여 교육 내용으로 구성하였다.
- '읽기'에서는 해당 장면에서 등장할 수 있는 다양한 종류의 글 중 단원의 주제와 목표에 맞는 것을 선정하여 제시하고 그 글의 이해도를 확인하는 문제들을 함께 제시하였다.
- '쓰기'에서는 앞서 제시된 읽기의 글과 유사한 종류의 글을 모방하여 써 보게 하거나 관련된 활동을 하도록 구성하였다.

이름: 와니
출신: 필리핀
나이: 14세

이름: 안나
출신: 우즈베키스탄
나이: 14세

이름: 선영
출신: 한국
나이: 14세

이름: 영수
출신: 한국
나이: 14세

이름: 정호
출신: 중국
나이: 14세

이름: 호민
출신: 베트남
나이: 14세

이름: 김하나
출신: 한국
직업: 선생님

이름: 이진영
출신: 한국
직업: 선생님

고등학교 등장인물

이름: 민우
출신: 한국
나이: 17세

이름: 세인
출신: 우즈베키스탄
나이: 17세

이름: 수호
출신: 몽골
나이: 17세

이름: 나나
출신: 중국
나이: 17세

이름: 김지영
출신: 한국
직업: 선생님

이름: 이진수
출신: 한국
직업: 선생님

이름: 소연
출신: 한국
나이: 17세

이름: 유미
출신: 일본
나이: 17세

내용 구성표

● 의사소통 한국어 1

단원	제목	주제	꼭 배워요(필수)			더 배워요(선택)				
			어휘	문법	기능	대화	부가 문법	읽기	쓰기	문화
1	안녕하세요?	등하교	• 자기소개 관련 어휘 • 숫자	• 이에요 • 은 • 이야 • 이 아니에요/ 아니야	• 인사하기 • 자기소개 하기	• 격식적 상황에서 자기소개하기 • 비격식적 상황에서 자기소개하기	• 입니다 • 아(호격)	학생증	자기 소개 쓰기	한국의 인사 예절을 알아보다
2	체육복이 어디에 있어요?	사물	• 물건 관련 어휘 • 위치 관련 어휘	• 이 있어(요)/ 없어(요) • 에 있어(요)/ 없어(요) • 하고 • 의	• 물건 유무 묻고 답하기 • 물건 위치 말하기	• 물건 이름에 대해 묻고 답하기 • 물건 위치 묻고 답하기	• 도	메모	메모 쓰기	한국 중고 등학생의 필수품을 엿보다
3	도서관에서 책을 읽어	장소	• 장소 관련 어휘 • 동작 동사 (1)	• −어(요) • 을 • 에 가다/오다 • 에서	• 현재 행위 표현하기 • 이동 장소 묻고 답하기	• 어디에 가서 무엇을 하는 지 묻고 답하기 • 어디에서 무 엇을 하는지 묻고 답하기	• −니? • −어(명령)	문자 메시지	문자 메시지 쓰기	한국 중고 등학생의 놀이 문화를 맛보다
4	공원에 친구를 만나러 갔어요	일상	• 동작 동사 (2) • 교통수단 관련 어휘	• −었− • 에(시간) • −으러 • 으로(수단)	• 과거 행위 표현하기 • 교통수단 묻고 답하기	• 주말에 한 일에 대해 묻고 답하기 • 교통수단과 소요 시간에 대해 묻고 답하기	• 부터 • 까지 • 과	일기	주말 이야기 쓰기	한국의 대중 교통을 알아보다
5	운동장에서 축구를 할 거예요	수업 준비	• 수업 준비 관련 어휘 • 고유어 수	• −을 거예요/ 거야(미래) • −으세요 • −고(나열) • −으면	• 미래 행위 표현하기 • 일정 묻고 답하기	• 수업 준비물 에 대해 묻 고 답하기 • 수업 활동에 대해 묻고 답하기	• 한테 • −지 말다 • 으로(방향)	도서관 이용 안내문	일주일 계획 쓰기	한국인의 공부 문화를 엿보다

6	새 실내화를 사고 싶어요	경제 활동	• 물건 구매 관련 어휘 • 형용사(1)	• -고 싶다 • -지 않다 • 보다 • -어 주다	• 원하는 물건에 대해 묻고 답하기 • 물건 구매하기	• 물건의 가격을 묻고 답하기 • 물건 고르고 구매하기	• 요(조사) • -고(요)	영수증	구매 목록 쓰기	한국의 화폐를 만나다
7	우리 라면 먹을까?	음식	• 음식 관련 어휘 • 형용사(2)	• -을까(요)(제안) • -지만 • -을 수 있다/없다 • -어서(이유)	• 음식 제안하고 주문하기 • 행동의 이유 표현하기	• 식당에서 음식 고르고 주문하기 • 전화로 음식 주문하기	• -겠-(추측) • 이랑	식당 소개 글	식당 소개 글 쓰기	한국의 음식을 맛보다
8	숙제를 언제까지 해야 돼?	생활 지도	• 생활 지도 관련 어휘	• -어야 되다 • -어도 되다 • -으면 안 되다 • -으면서	• 의무 표현하기 • 행위 금지하기	• 주의 사항을 듣고 반응하기 • 학교생활에서 허락 구하기	• -겠-(의지) • -습니다 • -으면 되다	교실 규칙 안내문	교실 규칙 안내문 쓰기	한국 중고등학생의 생활 문화를 들여다보다

차 례

한글: 모음과 자음 1

꼭 배워요(필수)

글자와 발음 1

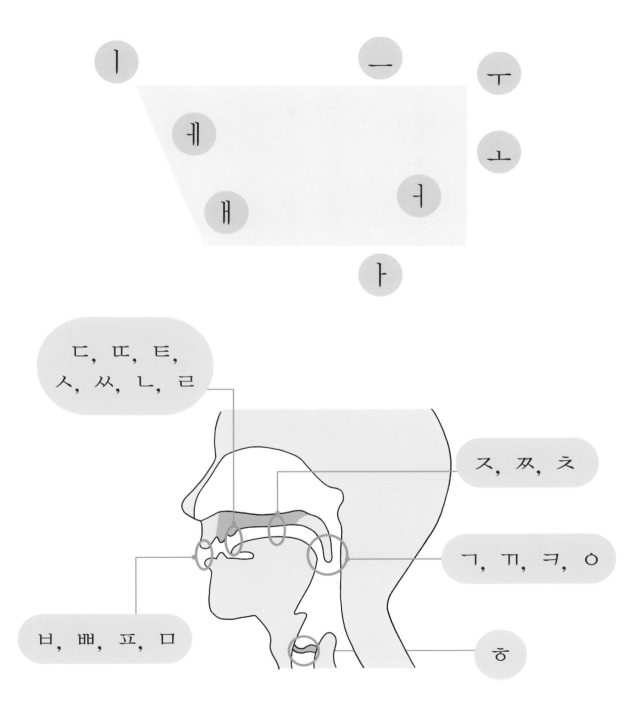

모음 1

■ 다음을 들어 보세요.

| ㅏ | ㅓ | ㅗ | ㅜ | ㅡ | ㅣ | ㅐ | ㅔ |

■ 다음을 보고 써 보세요.

ㅏ	ㅏ	ㅏ			
ㅓ	ㅓ	ㅓ			
ㅗ	ㅗ	ㅗ			
ㅜ	ㅜ	ㅜ			
ㅡ	ㅡ	ㅡ			
ㅣ	ㅣ	ㅣ			
ㅐ	ㅐ	ㅐ			
ㅔ	ㅔ	ㅔ			

■ 다음을 듣고 따라 해 보세요.

| 아 | 어 | 오 | 우 | 으 | 이 | 애 | 에 |

ㅇ + ㅏ = 아   ㅇ + ㅐ = 애   ㅇ + ㅗ = 오

ㅇ + ㅓ = 어   ㅇ + ㅔ = 에   ㅇ + ㅜ = 우

ㅇ + ㅣ = 이   ㅇ + ㅡ = 으

■ 다음을 읽고 써 보세요.

아	어	오	우	으	이	애	에
아	여	오	우	으	이	애	에
아	어	오	우	으	이	애	에

연습해 봐요 2

━━ 다음을 읽어 보세요.

이	오	오이	아이	우애

━━ 다음을 잘 듣고 맞는 것을 고르세요.

1) ① 아   ✓② 어   2) ① 이   ② 으

3) ① 우   ② 오   4) ① 어   ② 오

5) ① 어   ② 에   6) ① 우   ② 으

7) ① 오이 ② 아이   8) ① 우애 ② 우아

━━ 다음을 듣고 써 보세요.

1)   2)   3)

4)   5)   6)

7) 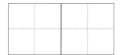   8)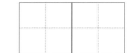

■ 다음을 들어 보세요.

ㄱ ㄴ ㄷ ㄹ ㅁ ㅂ ㅅ ㅇ ㅈ ㅎ

■ 다음을 보고 써 보세요.

ㄱ	ㄱ	ㄱ				
ㄴ	ㄴ	ㄴ				
ㄷ	ㄷ	ㄷ				
ㄹ	ㄹ	ㄹ				
ㅁ	ㅁ	ㅁ				
ㅂ	ㅂ	ㅂ				
ㅅ	ㅅ	ㅅ				
ㅇ	ㅇ	ㅇ				
ㅈ	ㅈ	ㅈ				
ㅎ	ㅎ	ㅎ				

■ 다음을 듣고 따라 해 보세요.

가 나 다 라 마 바 사 아 자 하

ㄱ + ㅏ = 가   ㄱ + ㅐ = 개   ㄱ + ㅗ = 고

ㄴ + ㅓ = 너   ㄴ + ㅔ = 네   ㄴ + ㅜ = 누

ㄷ + ㅣ = 디   ㄷ + ㅡ = 드

■ 다음을 읽고 써 보세요.

자음＼모음	ㅏ	ㅓ	ㅗ	ㅜ	ㅡ	ㅣ	ㅐ	ㅔ
ㄱ	가							
ㄴ		너						
ㄷ			도					
ㄹ				루				
ㅁ					므			
ㅂ						비		
ㅅ							새	
ㅇ								에
ㅈ	자							
ㅎ		허						

■ 다음을 읽어 보세요.

구두	나무	다리	노래	모자
버스	세수	아버지	지우개	허리

■ 다음을 잘 듣고 맞는 것을 고르세요.

1) ✓① 가구   ② 구두   2) ① 나무   ② 모자

3) ① 다리   ② 도로   4) ① 노래   ② 나라

5) ① 무리   ② 머리   6) ① 부자   ② 바지

7) ① 소주   ② 시조   8) ① 호미   ② 허리

■ 다음을 듣고 써 보세요.

1) 고

2) 나

3) 마

4)

5)

6)

7)

8)

연습해 봐요 3

■ 다음 자음과 모음을 결합하여 쓰세요.
그리고 빙고 게임을 해 보세요.

ㄱ ㄴ ㄷ ㄹ ㅁ   ㅏ ㅓ ㅗ ㅜ
ㅂ ㅅ ㅇ ㅈ ㅎ   ㅡ ㅣ ㅐ ㅔ

			로
	누		
		하	
디			

■ 다음 단어를 듣고 찾아 써 보세요.

09

사	기	보	바	시
버	아	주	지	오
고	어	기	너	미
기	후	머	비	누
호	두	사	니	두

1)

아기

2)

_____

3)

_____

4)

_____

5)

_____

6)

_____

■ 다음을 들어 보세요.

| ㅑ | ㅕ | ㅛ | ㅠ | ㅒ | ㅖ |

■ 다음을 보고 써 보세요.

ㅑ	①ㅑ②③	ㅑ			
ㅕ	①→ㅕ③②→	ㅕ			
ㅛ	①②ㅛ③→	ㅛ			
ㅠ	①→ㅠ②③	ㅠ			
ㅒ	①ㅒ④②③	ㅒ			
ㅖ	③④①ㅖ②	ㅖ			

연습해 봐요 1

■ 다음을 듣고 따라 해 보세요.

| 야 | 여 | 요 | 유 | 애 | 예 |

ㅇ + ㅑ = 야   ㅇ + ㅒ = 얘   ㅇ + ㅛ = 요

ㅇ + ㅕ = 여   ㅇ + ㅖ = 예   ㅇ + ㅠ = 유

ㄱ + ㅑ = 갸   ㄱ + ㅒ = 걔   ㄱ + ㅛ = 교

ㄹ + ㅕ = 려   ㄹ + ㅖ = 례   ㄹ + ㅠ = 류

■ 다음을 읽고 써 보세요.

야	여	요	유	애	예
야	여	요	유	애	예

■ 다음을 읽어 보세요.

우유	여자	혀	야구	요리
야자	뉴스	애기	예매	시계

■ 다음을 잘 듣고 맞는 것을 고르세요.

1) ✓① 벼   ② 혀   2) ① 애   ② 애

3) ① 여자   ② 야자   4) ① 애매   ② 예매

5) ① 야유   ② 여우   6) ① 요리   ② 유리

7) ① 교우   ② 겨우   8) ① 야구   ② 여기

■ 다음을 듣고 써 보세요.

1)  가

2) 두

3) 지

4)

5)

6)

7)

8)

자음 2

다음을 들어 보세요.

| ㅋ | ㅌ | ㅍ | ㅊ |

■ 다음을 보고 써 보세요.

ㅋ	ㅋ	ㅋ				
ㅌ	ㅌ	ㅌ				
ㅍ	ㅍ	ㅍ				
ㅊ	ㅊ	ㅊ				

■ 다음을 읽고 써 보세요.

자음＼모음	ㅏ	ㅓ	ㅗ	ㅜ	ㅡ	ㅣ	ㅐ	ㅔ
ㅋ	카				크			
ㅌ		터				티		
ㅍ			포				패	
ㅊ				추				체

 28 • 의사소통 한국어 1

■ 다음을 들어 보세요.

| ㄲ | ㄸ | ㅃ | ㅆ | ㅉ |

■ 다음을 보고 써 보세요.

ㄲ	ㄲ	ㄲ				
ㄸ	ㄸ	ㄸ				
ㅃ	ㅃ	ㅃ				
ㅆ	ㅆ	ㅆ				
ㅉ	ㅉ	ㅉ				

■ 다음을 읽고 써 보세요.

자음＼모음	ㅏ	ㅓ	ㅗ	ㅜ	ㅡ	ㅣ	ㅐ	ㅔ
ㄲ	까					끼		
ㄸ		떠					때	
ㅃ			뽀					뻬
ㅆ				쑤				
ㅉ				쯔				

연습해 봐요 1

■ 다음을 읽어 보세요.

코	스키	기타	케이크	투수
커피	포도	우표	기차	채소
토끼	도깨비	두꺼비	보따리	메뚜기
오빠	뼈	쓰레기	이쑤시개	찌개

■ 다음을 잘 듣고 맞는 것을 고르세요.

1) ① 코드   ✓② 코트   2) ① 차다   ② 짜다

3) ① 싸요   ② 사요   4) ① 뛰다   ② 튀다

■ 다음을 듣고 써 보세요.

1) | | 부 | 2) | | 조 | 3) | | 지 |

4) | | | 5) | | | 6) | | |

■ 친구 집이 어디예요? 잘 듣고 들은 것끼리 연결하세요.

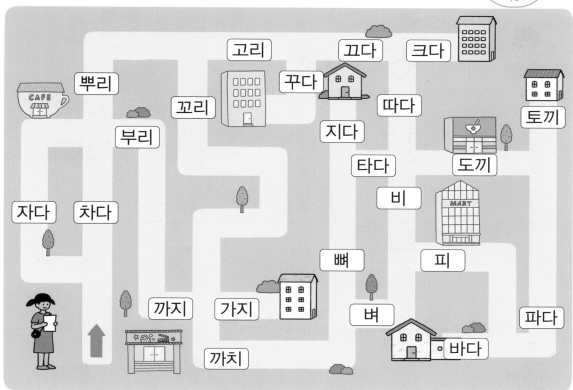

고리　끄다　크다

뿌리　꾸다

꼬리

부리　따다

토끼

지다

자다　차다　타다　도끼

비

뼈　피

까지　가지

벼　파다

까치　바다

■ 다음 단어를 듣고 찾아 써 보세요.

카	두	과	오	아
버	드	코	바	빠
까	비	트	뻬	추
치	타	피	아	노
토	끼	꺼	타	구

1)

　　카드

2)

3)

4)

5)

6)

한국의 글자

▬ 한글은 누가 만들었어요?

한글은 세종대왕이 만들었어요. 세종대왕은 조선의 4대 왕이에요. 세종대왕은 1443년 12월에 한글을 만들었어요. 그리고 1446년 10월 9일에 사람들에게 발표했어요.

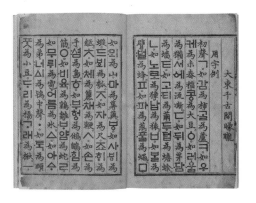

한글은 읽고 쓰기가 쉬워요. 그래서 빨리 배울 수 있어요.

▬ 한글 모음은 어떻게 만들었어요?

모음은 · ㅣ ㅡ 로 만들었어요.

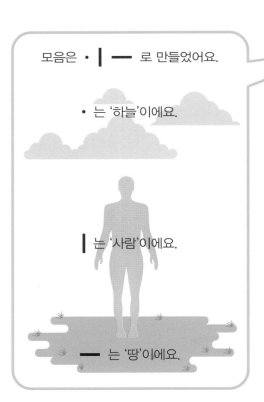

· 는 '하늘'이에요.

ㅣ 는 '사람'이에요.

ㅡ 는 '땅'이에요.

· ㅣ ㅡ 를 더하고 합해서 모음을 만들었어요.

▬ 한글 자음은 어떻게 만들었어요?

입 안의 모양으로
자음 ㄱ, ㄴ, ㅁ, ㅅ, ㅇ을 만들었어요.

ㄱ, ㄴ, ㅁ, ㅅ, ㅇ에 획을 더해서 자음을 만들었어요.

ㄱ	ㄴ	ㅁ	ㅅ	ㅇ
ㅋ	ㄷ ㅌ	ㅂ ㅍ	ㅈ ㅊ	ㅎ ㅎ

▬ 컴퓨터나 휴대 전화에서 한글을 어떻게 써요?

휴대 전화로 글자를 써 보세요. 그리고 친구에게 보내세요.

한글: 모음과 자음 2

꼭 배워요(필수)

글자와 발음 2

선생님, 안녕하세요?

모음 3

━ 다음을 들어 보세요.

| 과 | 괘 | 괴 | 궈 | 궤 | 귀 | 긔 |

━ 다음을 보고 써 보세요.

과	과	과				
괘	괘	괘				
괴	괴	괴				
궈	궈	궈				
궤	궤	궤				
귀	귀	귀				
긔	긔	긔				

■ 다음을 듣고 따라해 보세요.

| 와 | 왜 | 외 | 워 | 웨 | 위 | 의 |

ㅇ + ㅘ = 와   ㅇ + ㅝ = 워   ㅇ + ㅟ = 위

ㅇ + ㅙ = 왜   ㅇ + ㅞ = 웨   ㅇ + ㅢ = 의

ㄱ + ㅘ = 과   ㄷ + ㅝ = 둬   ㅈ + ㅟ = 쥐

ㅂ + ㅙ = 봬   ㅎ + ㅞ = 훼   ㄴ + ㅢ = 늬

■ 다음을 읽고 써 보세요.

와	왜	외	워	웨	위	의
와	왜	외	워	웨	위	의

연습해 봐요 2

■ 다음을 읽어 보세요.

사과	돼지	회사	샤워	뭐
스웨터	가위	귀	의사	회의

■ 다음을 잘 듣고 맞는 것을 고르세요.
22

1) ☑ 기와   ② 기아   2) ① 더위   ② 더워

3) ① 귀   ② 쥐   4) ① 돼지   ② 대지

5) ① 의사   ② 의자   6) ① 쉬다   ② 쥐다

7) ① 과자   ② 가자   8) ① 교외   ② 교화

■ 다음을 듣고 써 보세요.
23

1)    2)    3)

4)    5) 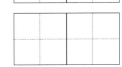   6)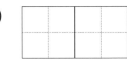

7)    8)

■ 무슨 글자예요? 자음과 모음을 찾아서 암호를 풀어 보세요.

ㄴ	ㄹ	ㄷ
ㅖ	ㅊ	ㅑ
ㅙ	ㅛ	ㅟ

ㅒ	ㅘ	ㅕ
ㄱ	ㅚ	ㅝ
ㅈ	ㅂ	ㅖ

ㅇ	ㅈ	ㅎ
ㅓ	ㅣ	ㅏ
ㅠ	ㅗ	ㅜ

1) 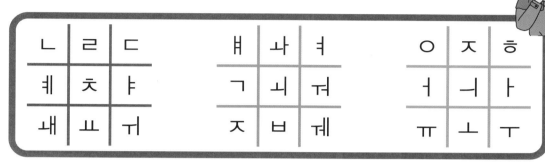 ㄱ + ㅟ = 귀

2) ㄴ + ㅟ = ▢

3) ㄴ + ㅟ ㄱ + ㄷ = ▢▢

4) ㅁ + ㅟ ㅓ + ㄷ ㅓ + ㄲ = ▢▢▢

■ 다음 단어를 듣고 찾아 써 보세요.

스	과	가	귀	돼
위	우	자	둬	지
치	주	이	스	유
의	자	사	웨	쇠
으	야	과	터	달

1)
과자

2)
_____

3)
_____

4)
_____

5)
_____

6)
_____

받침

■ 다음을 들어 보세요.

| 박 | 반 | 받 | 발 | 밤 | 밥 | 방 |

■ 다음을 써 보세요.

바+	ㄱ	박						
	ㄴ	반						
	ㄷ	받						
	ㄹ	발						
	ㅁ	밤						
	ㅂ	밥						
	ㅇ	방						

━ 다음을 듣고 따라해 보세요.

| 국 | 돈 | 곧 | 물 | 잠 | 입 | 공 |

ㅂ + ㅏ + ㄱ = 박　　　ㄱ + ㅗ + ㄷ = 곧

ㅅ + ㅓ + ㄴ = 선　　　ㅅ + ㅜ + ㅁ = 숨

ㅈ + ㅣ + ㅂ = 집　　　ㄱ + ㅡ + ㄹ = 글

ㅇ + ㅑ + ㅇ = 양

━ 다음을 읽고 써 보세요.

| 야 + ㄱ |
| 약 | |

| 바 + ㅇ |
| 방 | |

| 도 + ㄴ |
| 돈 | |

| 고 + ㄷ |
| 곧 | |

| 이 + ㅂ |
| 입 | |

| 자 + ㅁ |
| 잠 | |

| 무 + ㄹ |
| 물 | |

연습해 봐요 2

■ 받침 발음이 같아요.

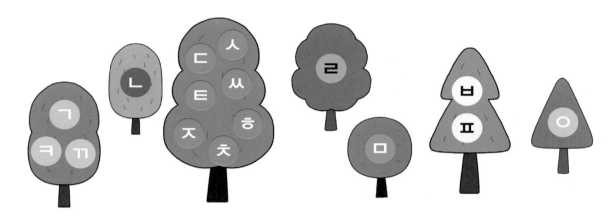

■ 다음을 읽어 보세요.

[악] 악, 앜, 앆			[안] 안
책	부엌	밖	문

[앋] 앋, 앝, 앗, 았, 앚, 앛, 앟						
닫다	밑	옷	있다	낮	꽃	히읗

[알] 알	[암] 암	[압] 압, 앞		[앙] 앙
발	마음	집	잎	가방

■ 다음을 잘 듣고 맞는 것을 고르세요.

1) ✔①강   ②감   2) ①잔   ②잠

3) ①곧   ②곡   4) ①밤   ②밥

5) ①살   ②산   6) ①약   ②양

7) ①장   ②잔   8) ①굽   ②국

■ 다음을 읽고 받침소리가 같은 블록끼리 쌓아 보세요.

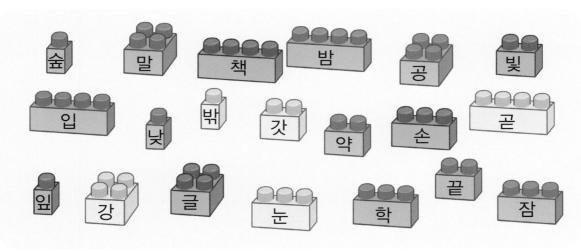

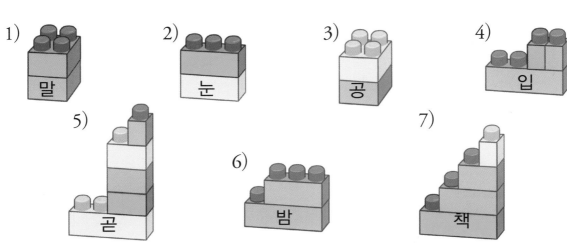

1) 말   2) 눈   3) 공   4) 입

5) 곧   6) 밤   7) 책

연습해 봐요 3

 다음을 듣고 받침을 써 보세요.

1) | 산 |

2) | 야 |

3) | 가 | 바 |

4) | 사 | 지 |

5) | 서 | 우 |

6) | 이 | 수 |

7) | 여 | 피 |

8) | 채 | 사 |

9) | 바 | 치 |

 다음을 듣고 써 보세요.

1)
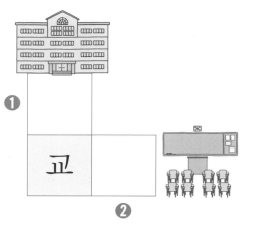

2)
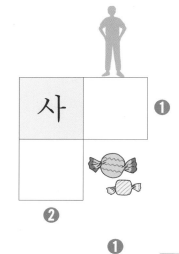

3)

4)
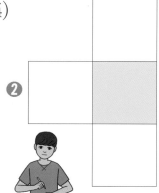

■ 다음 단어를 암호로 만들어 보세요.

★	▲

ㄱ	ㄲ	ㅇ
ㅂ	ㅈ	ㄹ
ㅕ	ㅓ	ㅘ

ㅣ	ㅗ	ㅔ
ㅏ	ㅜ	ㅛ
ㅎ	ㅌ	ㄴ

ㅅ	ㅋ	ㄷ
ㅍ	ㅊ	ㅁ
ㅡ	ㅠ	ㅕ

1) 꽃 ⇨ | ㄴ | ★ | ▲ |

2) 잎 ⇨

3) 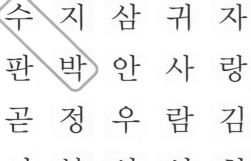 젓 가 락 ⇨

4) 팥 빙 수 ⇨

■ 다음 단어를 듣고 찾아 써 보세요.

수	지	삼	귀	자
판	박	안	사	랑
곧	정	우	람	김
이	불	산	엄	치
은	분	덤	발	마

1)

수박

2)

3)

4)

5)

6)

발음 1(겹받침)

■ 다음을 들어 보세요.

> 몫 앉다 많다 밟다 끊다 훑다 없다 외곬

■ 다음을 읽어 보세요.

받침		발음	받침		발음
ㄳ	ㄱ	삯[삭]	ㄵ	ㄴ	얹다[언따]
ㄶ	ㄴ	끊다[끈타]	ㄼ	ㄹ	여덟[여덜]
ㅀ	ㄹ	잃다[일타]	ㄾ	ㄹ	핥다[할따]
ㅄ	ㅂ	값[갑]	ㄽ	ㄹ	외곬[외골]

■ 다음을 들어 보세요.

> 닭   젊다   읊다

■ 다음을 읽어 보세요.

받침		발음	받침		발음
ㄺ	ㄱ	흙[흑]	ㄻ	ㄴ	삶다[삼따]
ㄿ	ㄴ	읊다[읍따]			

━━ 다음을 들어 보세요.

한국어 일요일 단어 음악

━━ 다음을 보고 읽어 보세요.

책+이   =   책이[채기]

밥+을   =   밥을[바블]

있+어요 =   있어요[이써요]

외국어[외구거]	직업[지겁]	언어[어너]
금요일[그묘일]	임원[이뭔]	깊이[기피]
닭아요[다까요]	놀아요[노라요]	웃어요[우서요]
앉아요[안자요]	했어요[해써요]	같아요[가타요]

━━ 다음 문장을 따라 읽어 보세요.

1) 눈이 와요.

2) 꽃이 피었어요.

3) 잊어버렸어요.

4) 산에 가고 싶어요.

5) 이 옷을 입으세요.

6) 집에서 밥을 먹어요.

종합 연습

■ 다음을 읽고 써 보세요.

여 자	남 자	책 상	의 자

볼 펜	이 름	전 화	창 문

옷 장	베 개	치 약	휴 지

별	컵	받 침	여 덟

■ 단어를 쓰고 빙고 게임을 해 보세요.

집 방 밥 문 돈 표 엄마 아빠 사람
학교 교실 학생 선생님 책상 의자 칠판 이름
치약 숟가락 볼펜 남자 여자 사랑 과자 가위

학교

■ 다음 단어를 듣고 찾아 써 보세요.

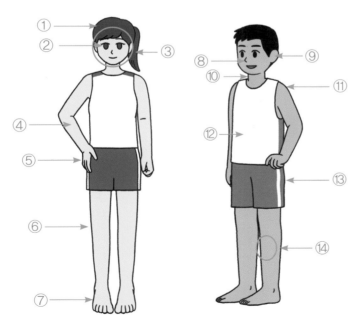

머리
눈
목
손
배
다리
코
얼굴
귀
어깨
팔
엉덩이
무릎
발

한국어 수업 용어

■■■ 선생님이 학생에게 자주 쓰는 말을 알아봐요.

책을 펴세요.　　책을 보세요.　　들으세요.　　읽으세요.

쓰세요.　　따라 해 보세요.　　말해 보세요.

■■■ 학생이 선생님께 자주 쓰는 말을 알아봐요.

선생님, 질문 있어요.　　선생님, 잘 모르겠어요.　　네, 알겠습니다.

자주 쓰는 인사말을 알아봐요.

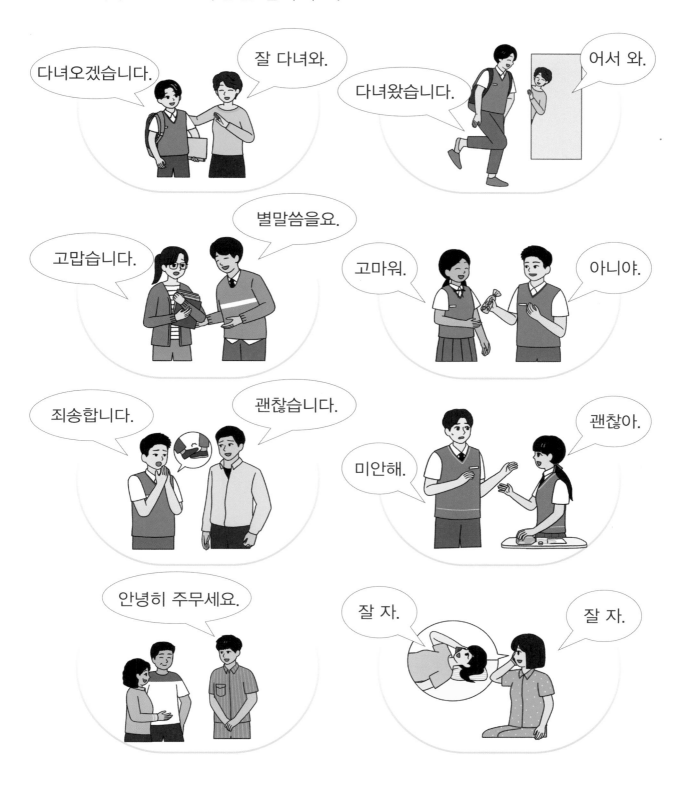

01 안녕하세요?

● 1과에서 무엇을 배우는지 알아봅시다.

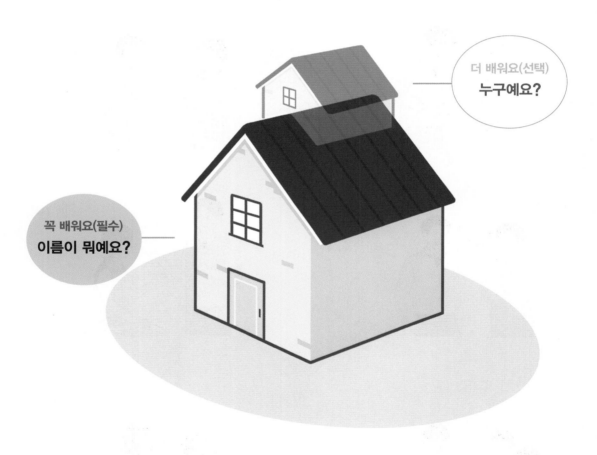

더 배워요(선택)
누구예요?

꼭 배워요(필수)
이름이 뭐예요?

함께 이야기해 봐요

1. 이름이 뭐예요?

2. 몇 반이에요?

● 어떻게 인사해요?

● 어디에서 왔어요?

우즈베키스탄

베트남

필리핀

몽골

중국

일본

영국   독일
프랑스
아프리카
캐나다
미국
한국

학 생 증

이름: 이호민
1학년 10반
대한중학교
0123456789

십

영 일 이 삼 사 오 육 칠 팔 구

뭐(무엇), 누구, 몇,
저, 제, 나, 너,
사람, 동생, 친구,
선생님, 학생,
초등학생, 중학생,
고등학생, 대학생,
네, 아니요

문법을 배워요 1

① 안녕하세요? 이름이 뭐예요?

② 이호민이에요.

이에요

예요

어떤 사실을 서술하거나 질문함을 나타내는 표현.

중학생이에요.

한국 사람이에요.

유미예요.

● '이에요'를 사용하여 〈보기〉와 같이 이야기해 보세요.

> 〈보기〉   가: 누구예요?
> 나: <u>김소연이에요.</u> (김소연)

(1) 친구

(2) 동생

이름이 뭐예요? '이에요'를 사용하여 말해 보세요.

문법을 배워요 2

① 안녕하세요? 저는 이정호예요.

② 선생님 이름은 김하나예요.

은 / 는

문장 속에서 어떤 대상이 화제임을 나타내는 조사.

제 이름은 이진수예요.

저는 대학생이에요.

영수는 제 친구예요.

● '은'을 사용하여 〈보기〉와 같이 이야기해 보세요.

〈보기〉
가: 와니는 학생이에요? (와니)
나: 네, 중학생이에요. (중학생)

(1) 수호, 고등학생

(2) 동생, 초등학생

여러분 친구는 누구예요? '은'을 사용하여 말해 보세요.

① 너는 몇 반이야?

② 나는 5반이야.

이야

야

'이에요'와 같은 뜻으로 친구나 아주 친한 사이 또는 아랫사람에게 말할 때 사용하는 표현.

몇 학년이야?

나는 민우야.

유미는 고등학생이야.

● '이야'를 사용하여 〈보기〉와 같이 이야기해 보세요.

> 〈보기〉
>
> 가: 수호는 몇 학년 몇 반이야? (수호)
> 나: 1학년 2반이야. (1학년 2반)

(1) 유미, 1학년 3반

(2) 동생, 2학년 4반

여러분은 몇 학년 몇 반이에요? 친구에게 '이야'를 사용하여 말해 보세요.

문법을 배워요 4

① 안녕하세요. 1학년이에요?

② 아니요, 1학년이 아니에요. 2학년이에요.

이 아니에요/아니야

가 아니에요/아니야

어떤 사실이나 내용을 부정하는 뜻을 나타내는 표현.

대학생이 아니에요.

나는 수호가 아니야. 세인이야.

영수는 제 동생이 아니에요.

● '이 아니에요/아니야'를 사용하여 〈보기〉와 같이 이야기해 보세요.

〈보기〉
가: 중학생이에요? (중학생)
나: 중학생이 아니에요. 고등학생이에요. (고등학생)

(1) 1반, 2반

(2) 친구, 동생

여러분은 초등학생이에요? 선생님이에요? '이 아니에요/아니야'를 사용하여 말해 보세요.

한국의 인사 예절을 알아보다

☒ 어떻게 인사를 해요?

윗사람에게 손을 모으고 허리를 숙여 인사를 해요.

선생님, 안녕하세요?

친구에게 손을 흔들어 인사를 해요.

안녕.

안녕?

회사에서는 보통 악수를 해요.

반갑습니다.

만나서 반갑습니다.

친한 친구나 아주 반가운 사람과 포옹을 해요.

친구야, 반가워.

¤ **한국의 전통 인사를 알아봐요.**

큰절은 한국의 전통 인사예요.

남자가 큰절을 하는 순서예요.

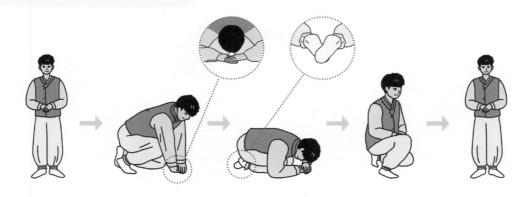

여자가 큰절을 하는 순서예요.

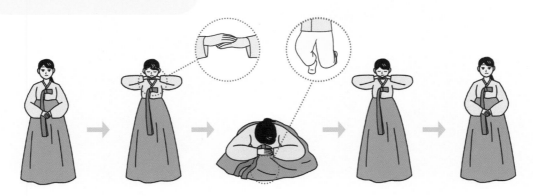

세계 여러 나라 사람들은 어떻게 인사해요?

더 배워요

○ 1과에서 무엇을 배우는지 알아봅시다.

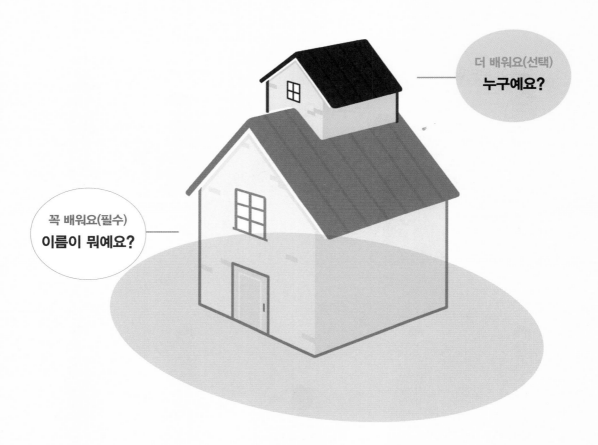

더 배워요(선택)
누구예요?

꼭 배워요(필수)
이름이 뭐예요?

이름이 무엇입니까?

어디에서 왔습니까?

누구예요?

너는 몇 반이야?

나는 5반이야.

함께 이야기해 봐요

1. 학교 이름이 뭐예요?

2. 몇 학년 몇 반이에요?

대화해 봐요 1

 와니와 호민이가 인사를 해요. 로 확인해 보세요.

선생님과 와니가 자기소개를 해요. 먼저 로 확인해 보세요.

① 여러분, 안녕하세요?
선생님 이름은 이진영입니다.

② 안녕하세요? 선생님.

③ 이름이 무엇입니까?

④ 저는 와니입니다.

⑤ 어디에서 왔습니까?

⑥ 필리핀에서 왔습니다.

⑦ 만나서 반갑습니다.

질문에 답하세요.

1. 내용과 같으면 ○, 다르면 ✕ 하세요.
   (1) 이진영은 선생님이에요.　　　　　　　(　　　)
   (2) 와니는 학생이 아니에요.　　　　　　(　　　)
   (3) 와니는 필리핀에서 왔어요.　　　　　(　　　)

2. 여러분은 어디에서 왔어요?

   ➡ _____

 호민이가 자기소개를 해요.
　　로 확인해 보세요.

 전체 대화를 들어 보세요.

▨ **활용하기**

안나가 자기소개를 해요.

 : 안녕하세요? 이름이 무엇입니까?

 : 저는 안나입니다.

 : 어디에서 왔습니까?

 : 우즈베키스탄에서 왔습니다.

대화해 봐요 2

 수호와 나나가 자기소개를 해요. ▨로 확인해 보세요.

 수호와 나나는 몇 반이에요? 먼저 ▨로 확인해 보세요.

질문에 답하세요.

1. 내용과 같으면 ○, 다르면 ✕ 하세요.

   (1) 나나는 2반이에요. 　　　　　　　　(　　　　)

   (2) 수호는 5반이 아니에요. 　　　　　　(　　　　)

2. 여러분은 몇 반이에요?

   ➡ _____

 나나는 어디에서 왔어요?
　로 확인해 보세요.

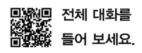 전체 대화를 들어 보세요.

▨ **활용하기**

민우와 유미가 이야기를 해요.

 : 유미야, 너는 몇 반이야?

 : 나는 3반이야. 너는?

 : 나는 5반이야.

 : 만나서 반가워.

읽고 써 봐요

¤ **다음을 읽고 질문에 답하세요.**

학 생 증

김 영 수

대한중학교

이름: 김영수

대한중학교장

학년	1학년	2학년	3학년
반/번호	3반/10번	/	/

1. 읽은 내용과 같으면 ○, 다르면 ✕ 하세요.

  (1) 영수는 중학생이에요.   (   )

  (2) 영수는 3학년이에요.   (   )

  (3) 영수는 10반이에요.   (   )

2. 학교 이름이 뭐예요?

3. 영수는 몇 학년 몇 반이에요?

¤ 여러분의 학교, 학년, 반, 번호를 써 보세요.

이름	학교	학년 / 반	번호
김영수	대한중학교	1학년 3반	10번

¤ 〈보기〉와 같이 자기소개를 써 보세요.

〈보기〉

안녕하세요. 제 이름은 와니입니다. 필리핀에서 왔습니다.
저는 대한중학교 학생입니다. 1학년 3반입니다. 만나서 반갑습니다.

체육복이 어디에 있어요?

● 2과에서 무엇을 배우는지 알아봅시다.

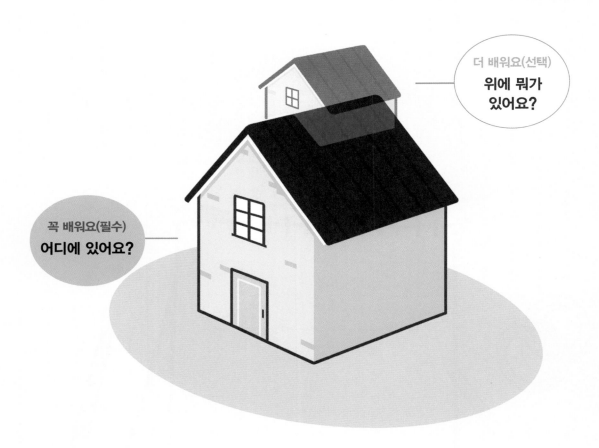

더 배워요(선택)
위에 뭐가 있어요?

꼭 배워요(필수)
어디에 있어요?

함께 이야기해 봐요

1. 무엇이 있어요?

2. 어디에 있어요?

어휘를 배워요

교실에 무엇이 있어요?

● 방에 무엇이 있어요?

이거, 저거, 그거,
교실, 방, 어디,
옷장, 침대, 텔레비전,
공책, 볼펜, 필통,
우산, 체육복, 휴대 전화,
엄마, 언니, 오빠,
응, 아니

문법을 배워요 1

① 지우개가 있어?

② 아니, 없어.

이 있어(요)/없어(요)

가 있어(요)/없어(요)

사람이나 사물이 존재하거나 존재하지 않음을 나타내는 표현.

가방이 있어요.

휴대 전화가 없어요.

컴퓨터가 없어.

● '이 있어(요)/없어(요)'를 사용하여 〈보기〉와 같이 이야기해 보세요.

〈보기〉   가: 연필이 있어요? (연필)
          나: 아니요, 없어요.

(1) 책상

(2) 시계

방에 뭐가 있어요? 그리고 뭐가 없어요?

문법을 배워요 2

① 엄마, 체육복이 어디에 있어요?

② 옷장 안에 있어.

에 있어(요)/없어(요)

사람이나 사물이 있는 장소나 위치를 나타내는 표현.

수호가 교실에 있어요.

가방이 책상 아래에 있어요.

지우개가 필통 안에 없어.

● '에 있어(요)/없어(요)'를 사용하여 〈보기〉와 같이 이야기해 보세요.

〈보기〉
가: 연필이 어디에 있어요? (연필)
나: 책상 위에 있어요. (책상 위)

(1) 우산, 의자 아래

(2) 교과서, 사물함 안

물건이 어디에 있어요?

문법을 배워요 3

① 사물함 안에 뭐가 있어?

② 공책하고 교과서가 있어.

하고

앞과 뒤의 명사를 같은 자격으로 이어 주는 조사.

언니하고 동생이에요.

지우개하고 연필이 있어요.

방에 침대하고 옷장이 있어요.

● '하고'를 사용하여 〈보기〉와 같이 이야기해 보세요.

> 〈보기〉
> 가: 교실에 뭐가 있어요?
> 나: 책상하고 의자가 있어요. (책상, 의자)

(1) 칠판, 사물함

(2) 텔레비전, 컴퓨터

사물함 안에 뭐가 있어요? '하고'를 사용하여 말해 보세요.

문법을 배워요 4

① 누구의 가방이야?

② 수호의 가방이야.

의

앞의 말이 뒤의 말에 대하여, 소유나 소속, 소재나 관계, 또는 기원이나 주체의 관계임을 나타내는 조사.

친구의 책상이에요.

제 동생의 우산이에요.

이것은 선생님의 볼펜이에요.

● '의'를 사용하여 〈보기〉와 같이 이야기해 보세요.

〈보기〉
가: 이것은 누구의 공책이에요? (공책)
나: 수호의 공책이에요. (수호)

(1) 휴대 전화, 영수

(2) 컴퓨터, 선생님

교실에 뭐가 있어요? 누구 것이에요? '의'를 사용하여 말해 보세요.

한국 중고등학생의 필수품을 엿보다

¤ **한국 학생이에요.**

학생증

명찰

가방

교복

실내화

¤ 사물함이에요. 뭐가 있어요?

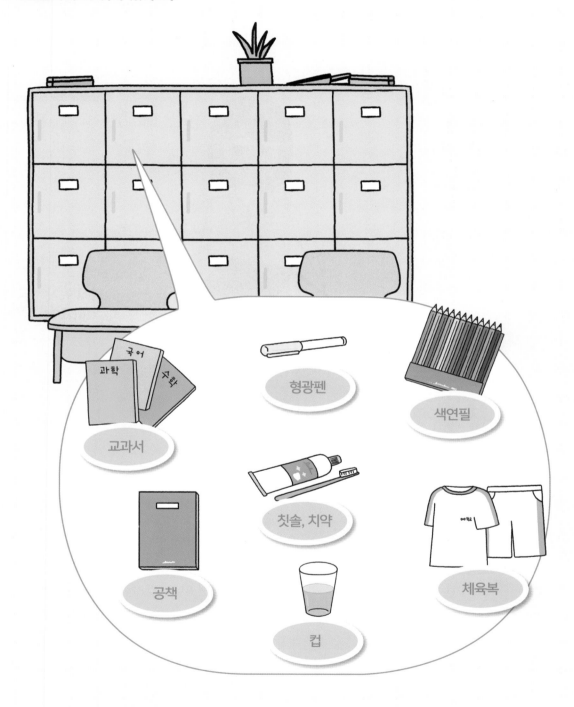

형광펜

색연필

교과서

칫솔, 치약

체육복

공책

컵

여러분 사물함에는 뭐가 있어요?

더 배워요

● 2과에서 무엇을 배우는지 알아봅시다.

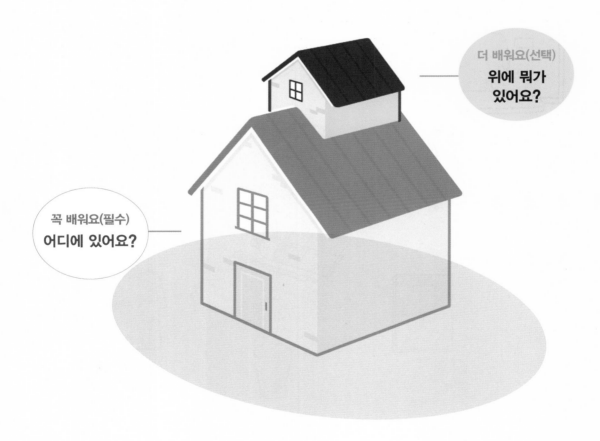

더 배워요(선택)
위에 뭐가 있어요?

꼭 배워요(필수)
어디에 있어요?

이건 뭐야?

필통은 누구 거야?

위에 뭐가 있어요?

침대 위에 체육복이 없어요.

식탁 위에 빵이 없어요.

함께 이야기해 봐요

1. 교과서가 어디에 있어요?

2. 언제 메모를 써요?

유미하고 민우가 교실에 있어요. 로 확인해 보세요.

 유미하고 민우가 물건에 대해 묻고 답해요. 먼저 로 확인해 보세요.

질문에 답하세요.

1. 내용과 같으면 ○, 다르면 ✕ 하세요.

   (1) 교실에 나나의 가방이 있어요.   (   )

   (2) 민우는 휴대 전화가 없어요.   (   )

   (3) 휴대 전화는 나나 거예요.   (   )

2. 여러분의 물건이 어디에 있어요?

   ➜ _____

 유미가 휴대 전화가 있어요?
로 확인해 보세요.

 전체 대화를 들어 보세요.

활용하기

책상 위에 필통이 있어요.

 : 소연아, 이건 뭐야?

 : 그건 필통이야.

 : 누구 거야?

 : 수호 거야.

대화해 봐요 2

영수가 필통을 찾아요. ▓로 확인해 보세요.

영수의 교복하고 체육복이 어디에 있어요? 먼저 ▓로 확인해 보세요.

▐▐ 질문에 답하세요.

1. 내용과 같으면 ○, 다르면 ✕ 하세요.
   (1) 체육복은 옷장에 있어요.　　　　　(　　　)
   (2) 교복은 세탁기 안에 있어요.　　　　(　　　)
   (3) 체육복은 침대 옆에 없어요.　　　　(　　　)

2. 여러분 체육복은 지금 어디에 있어요?

   ➡ _____

 영수의 실내화가 어디에 있어요?
로 확인해 보세요.

 전체 대화를 들어 보세요.

▨ 활용하기

정호가 빵하고 우유를 찾아요.

 : 엄마, 빵이 어디에 있어요?

 : 냉장고 안에 있어.

 : 우유는 어디에 있어요?

 : 우유도 냉장고 안에 있어.

읽고 써 봐요

¤ **다음을 읽고 질문에 답하세요.**

1. 읽은 내용과 같으면 ○, 다르면 ✕ 하세요.

   (1) 민우 동생의 메모가 있어요.   (   )

   (2) 케이크는 식탁 위에 있어요.   (   )

   (3) 아이스크림은 냉장고 안에 없어요.   (   )

2. 돈이 어디에 있어요?

3. 선영이의 책상 위에 뭐가 있어요?

¤ **다음 물건이 어디에 있어요?**

연필	가방	교과서	체육복
책상 위			

¤ **물건이 어디에 있어요? 가족이나 친구에게 메모를 써 보세요.**

03 도서관에서 책을 읽어

● 3과에서 무엇을 배우는지 알아봅시다.

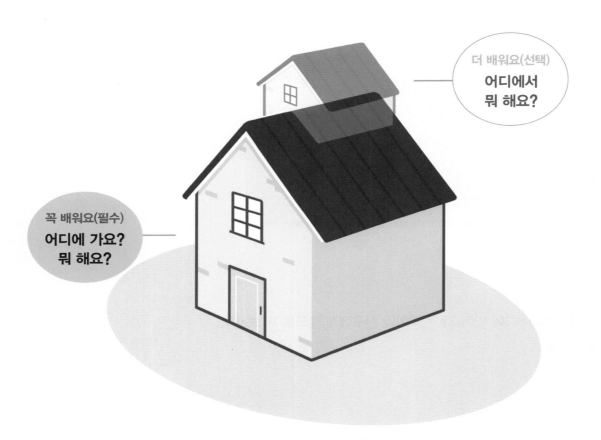

더 배워요(선택)
**어디에서
뭐 해요?**

꼭 배워요(필수)
**어디에 가요?
뭐 해요?**

함께 이야기해 봐요

1. 오늘 어디에 가요?

2. 그 장소에서 무엇을 해요?

어휘를 배워요

학교에서 뭐 해요?

🔵 어디에 가요? 뭐 해요?

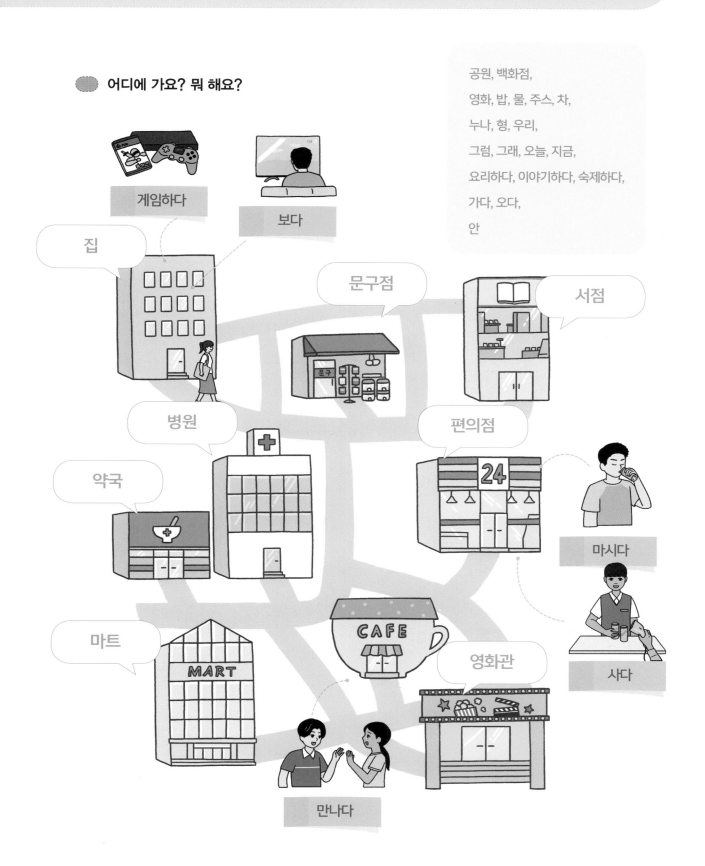

공원, 백화점,
영화, 밥, 물, 주스, 차,
누나, 형, 우리,
그럼, 그래, 오늘, 지금,
요리하다, 이야기하다, 숙제하다,
가다, 오다,
안

게임하다

보다

집

문구점

서점

병원

편의점

약국

마시다

마트

사다

영화관

만나다

문법을 배워요 1

① 영수야, 지금 뭐 해?

② 공부해요. 누나는 뭐 해요?

③ 누나는 지금 밥 먹어.

–어(요)

–아(요), –여(요)

어떤 사실을 서술하거나 질문, 명령, 권유함을 나타내는 종결 어미.

저는 축구해요.

형이 요리해.

동생이 안 놀아요. 책 읽어요.

● '–어(요)'를 사용하여 〈보기〉와 같이 이야기해 보세요.

〈보기〉 가: 지금 뭐 해요?
나: <u>샤워해요.</u> (샤워하다)

(1) 놀다

(2) 이야기하다

여러분은 오늘 뭐 해요?

문법을 배워요 2

① 호민아, 지금 게임해?

② 아니, 안 해.

③ 그럼 무엇을 해?

④ 영화를 봐.

을

를

동작이 직접적으로 영향을 미치는 대상을 나타내는 조사.

물을 마셔요.

지우개를 사요.

친구가 게임을 안 해요.

● '을'을 사용하여 〈보기〉와 같이 이야기해 보세요.

> 〈보기〉
> 가: 빵을 먹어요? (빵, 먹다)
> 나: 아니요, 빵을 안 먹어요.

(1) 연필, 사다

(2) 주스, 마시다

오늘 뭐 먹어요? 그리고 뭐 마셔요? '을'을 사용하여 말해 보세요.

문법을 배워요 3

① 민우야, 어디에 가?

② 편의점에 가. 너는 어디에 가?

③ 나는 도서관에 가.

④ 그래? 잘 가.

에 가다/오다

앞말이 목적지이거나 어떤 행위의 진행 방향임을 나타내는 표현.

친구가 문구점에 가요.

와니가 우리 집에 와요.

어디에 가요?

● '에 가다/오다'를 사용하여 〈보기〉와 같이 이야기해 보세요.

〈보기〉
가: 어디에 가요?
나: <u>영화관</u>에 가요. (영화관)

(1) 마트

(2) 병원

오늘 어디에 가요?

에서

앞말이 행동이 이루어지고 있는 장소임을 나타내는 조사.

서점에서 책을 사요.

공원에서 운동해요.

어디에서 친구를 만나요?

● '에서'를 사용하여 〈보기〉와 같이 이야기해 보세요.

〈보기〉   가: 오늘 어디에서 숙제해요? (숙제하다)
          나: 집에서 숙제해요. (집)

(1) 놀다, 운동장

(2) 친구를 만나다, 서점

오늘 어디에서 무엇을 해요?

한국 중고등학생의 놀이 문화를 맛보다

¤ **친구들이 어디에서 놀아요?**

여기에서 노래를 해요.

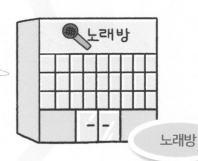

노래방

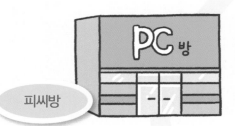

피씨방

여기에서 게임을 해요.

인터넷도 해요.

여기에서 음식을 먹어요.

친구를 만나요.
그리고 이야기해요.

분식집

¤ 우리 같이 놀아요.

:: '어디에 가요?' 게임 ::

1. 한 사람이 노래로 "○○에 가요"라고 말해요.

2. 다음 사람이 앞 사람의 말을 다시 말해요. 그리고 이어서 다른 장소를 말해요.

여러분도 게임을 해 보세요.

03 더 배워요

● 3과에서 무엇을 배우는지 알아봅시다.

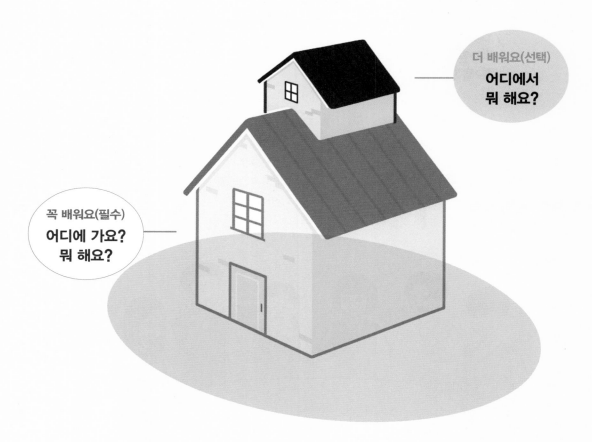

더 배워요(선택)
**어디에서
뭐 해요?**

꼭 배워요(필수)
**어디에 가요?
뭐 해요?**

공원에서
친구를 만나요.

어디에서
뭐 해요?

친구 집에서 공부해요.

편의점에서 라면을 먹어.

문구점에서 공책하고 볼펜을 사.

함께 이야기해 봐요

1. 어디에서 친구를 만나요?

2. 친구에게 어떤 문자 메시지를 써요?

대화해 봐요 1

 정호가 선영이하고 전화해요. ▨로 확인해 보세요.

 정호가 거리에서 선생님을 만났어요. 먼저 ▨로 확인해 보세요.

▮▮ **질문에 답하세요.**

1. 내용과 같으면 ○, 다르면 ✕ 하세요.

   (1) 선생님은 공원에 가요.　　　　　　　　（　　　　　）

   (2) 공원은 학교 근처에 있어요.　　　　　　（　　　　　）

   (3) 정호는 공원에서 친구하고 농구를 해요.　（　　　　　）

2. 오늘 어디에 가요? 거기에서 누구하고 뭐 해요?

   ➡ _____

 정호가 엄마하고 전화해요.

 로 확인해 보세요.

전체 대화를
들어 보세요.

▨ **활용하기**

 **안나가 엄마하고 이야기해요.**

 ： 안나야, 어디에 가니?

 ： 와니 집에 가요.

 ： 거기에서 뭐 해?

 ： 와니하고 공부해요.

대화해 봐요 2

 수호는 어디에서 뭐 해요? ▨로 확인해 보세요.

 수호하고 유미가 전화해요. 먼저 ▨로 확인해 보세요.

① 유미야, 지금 어디야?

② 나 지금 편의점에 있어.

③ 편의점에서 뭐 해?

④ 민우하고 라면을 먹어. 너는 어디야?

⑤ 나는 집에 있어.

⑥ 그래? 너도 여기에 와.

⑦ 좋아. 그럼 편의점에서 만나.

질문에 답하세요.

1. 내용과 같으면 ○, 다르면 ✕ 하세요.

   (1) 수호는 집에 있어요.　　　　　　　　(　　　　)

   (2) 민우는 편의점에 가요.　　　　　　　(　　　　)

   (3) 유미는 민우하고 라면을 먹어요.　　(　　　　)

2. 여러분은 편의점에서 뭐 해요?

   ➜ _____

 수호는 지금 어디에 가요?

▨로 확인해 보세요.

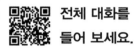 전체 대화를
들어 보세요.

활용하기

나나하고 소연이가 전화해요.

 : 나나야, 지금 어디야?

 : 나 지금 문구점에 있어.

 : 문구점에서 뭐 해?

 : 공책하고 볼펜을 사.

읽고 써 봐요

☒ **다음을 읽고 질문에 답하세요.**

1. 읽은 내용과 같으면 ○, 다르면 ✕ 하세요.

   (1) 안나는 지금 집에 있어요.   (   )

   (2) 와니는 편의점에 있어요.   (   )

   (3) 안나와 와니는 텔레비전을 봐요.   (   )

2. 안나는 지금 어디에서 뭐 해요?

3. 안나와 선영이는 어디에서 만나요?

¤ 여러분은 어디에서 친구를 만나요? 그리고 거기에서 뭐 해요?

	친구 1: 나나	친구 2: _____	친구 3: _____
어디에서 만나요?	도서관		
거기에서 뭐 해요?	공부해요		

¤ 여러분은 지금 어디에 있어요? 누구하고 있어요? 무엇을 해요? 친구에게 메시지를 써 보세요.

04 공원에 친구를 만나러 갔어요

● 4과에서 무엇을 배우는지 알아봅시다.

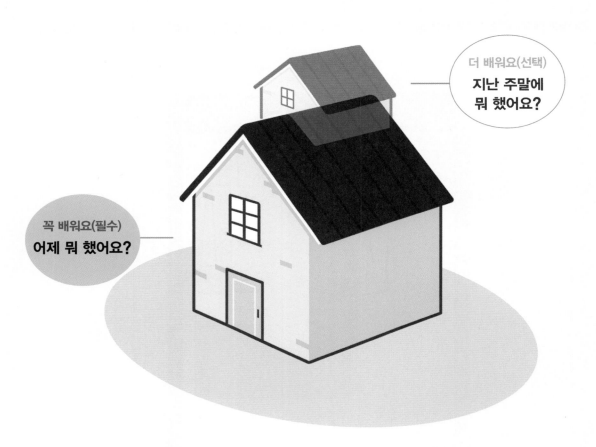

더 배워요(선택)
**지난 주말에
뭐 했어요?**

꼭 배워요(필수)
어제 뭐 했어요?

함께 이야기해 봐요

1. 어제 어디에 갔어요?

2. 거기에 뭐 하러 갔어요?

⬤ 어제 뭐 했어요?

오전

일어나다

세수하다

아침을 먹다

오후

점심을 먹다

수업을 듣다

학교에 가다(등교하다)

학교에서 돌아오다
(하교하다)

저녁을 먹다

씻다

팔

손

다리

발

자다

● 학교에 어떻게 가요?

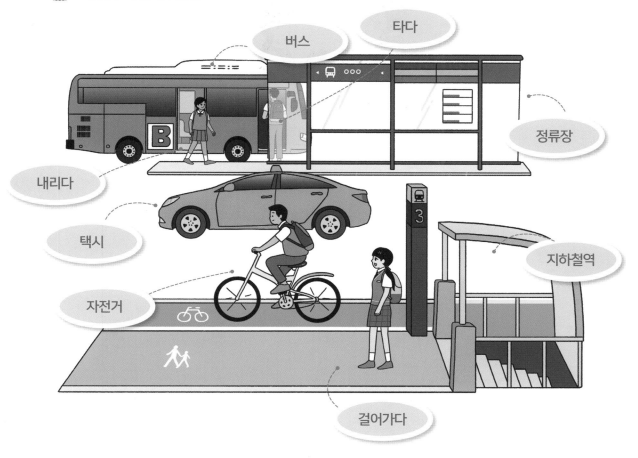

타다

버스

정류장

내리다

택시

지하철역

자전거

걸어가다

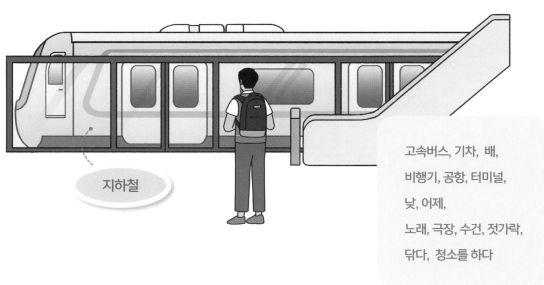

지하철

고속버스, 기차, 배,
비행기, 공항, 터미널,
낮, 어제,
노래, 극장, 수건, 젓가락,
닦다, 청소를 하다

문법을 배워요 1

① 와니야, 어제 뭐 했어?

② 도서관에서 책을 읽었어. 너는 어제 뭐 했어?

③ 나는 친구하고 운동장에서 놀았어.

-었-

-았-, -었-

사건이 과거에 일어났음을 나타내는 어미.

오늘 아침을 안 먹었어요.
마트에서 우유를 샀어요?
친구하고 한국 노래를 들었어요.

● '-었-'을 사용하여 〈보기〉와 같이 이야기해 보세요.

〈보기〉
가: 어제 뭐 했어요?
나: 극장에서 영화를 봤어요. (극장에서 영화를 보다)

(1) 집에서 청소를 하다

(2) 공원에서 자전거를 타다

여러분은 어제 뭐 했어요? 이야기해 보세요.

문법을 배워요 2

① 나는 어제 엄마하고 마트에 갔어. 영수야, 너는 뭐 했어?

② 나는 어제 집에 있었어.

③ 집에서 뭐 했어?

④ 오전에는 숙제를 했어. 그리고 오후에 누나하고 텔레비전을 봤어.

에

앞말이 시간이나 때임을 나타내는 조사.

아침에 세수를 해요.
오후에 지하철역에서 친구를 만나요.
낮에 운동장에서 놀았어요.

⬤ '에'를 사용하여 〈보기〉와 같이 완성해 보세요.

〈보기〉　　어제 <u>오후에</u> 친구를 만났어요. (오후)

(1) 어제 _____ 게임을 했어요. (오전)
(2) 어제 _____ 영화를 봤어요. (저녁)

여러분은 언제 무엇을 했어요? '에'를 사용하여 말해 보세요.

① 민우야, 선영이는 어디에 갔어?

② 공원에 갔어요.

③ 공원에 뭐 하러 갔어?

④ 친구를 만나러 갔어요.

−으러

−러

가거나 오거나 하는 동작의 목적을 나타내는 연결 어미.

식당에 밥을 먹으러 가요.
도서관에 공부하러 왔어요.
친구하고 공원에 놀러 갔어요.

● '−으러'를 사용하여 〈보기〉와 같이 완성해 보세요.

> 〈보기〉 운동장에 <u>농구를 하러</u> 가요. (농구를 하다)

(1) 서점에 _____ . (책을 사다)
(2) 화장실에 _____ . (손을 씻다)

여러분은 커피숍에 뭐 하러 가요? 이야기해 보세요.

문법을 배워요 4

① 유미야, 집에 어떻게 가?

② 버스로 가. 너는 어떻게 가?

③ 나는 걸어가. 그럼 내일 봐.

④ 그래, 잘 가.

으로

로

어떤 일의 수단이나 도구를 나타내는 조사.

기차로 가요.

젓가락으로 라면을 먹어요.

지하철로 영화관에 가요.

● '으로'를 사용하여 〈보기〉와 같이 완성해 보세요.

〈보기〉   휴대 전화로 영화를 봐요. (휴대 전화)

(1) _____ 학교에 가요. (자전거)

(2) _____ 얼굴을 닦아요. (수건)

여러분은 집에 어떻게 가요? '으로'를 사용하여 말해 보세요.

한국의 대중교통을 알아보다

¤ 한국에서 무엇을 타요?

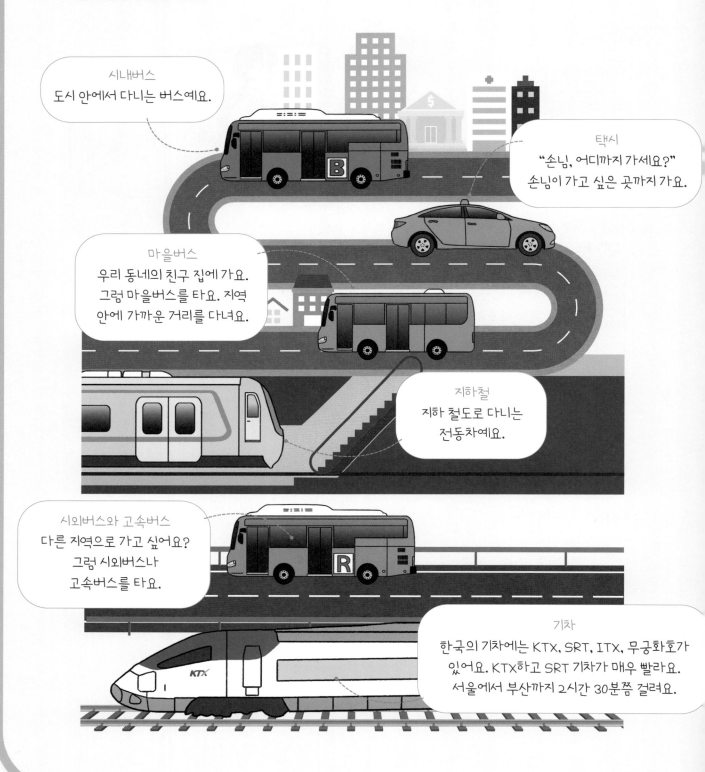

¤ **한국에서 대중교통을 어떻게 이용해요?**

여기는 버스 정류장이야.

버스 정보 시스템

111	4번째	5분후	도착
222	2번째	12분후	도착
3333	전	정류소	출발

세인아, 버스 정보 시스템을 봐. 이제 곧 버스가 와.

교통 카드

유미야, 교통 카드 준비했어?

응, 준비했어.

다음 정류장에서 내려.

여기에 카드를 가까이 대.

우리 어디에서 내려?

자, 이제 내려. 교통 카드를 다시 가까이 대.

좋아. 이제 다른 버스나 지하철로 갈아타러 가자!

시내버스   지하철   마을버스

30분 안에 갈아타요.(무료)   30분 안에 갈아타요.(무료)

여러분은 어떤 대중교통을 이용해요?

04 더 배워요

● 4과에서 무엇을 배우는지 알아봅시다.

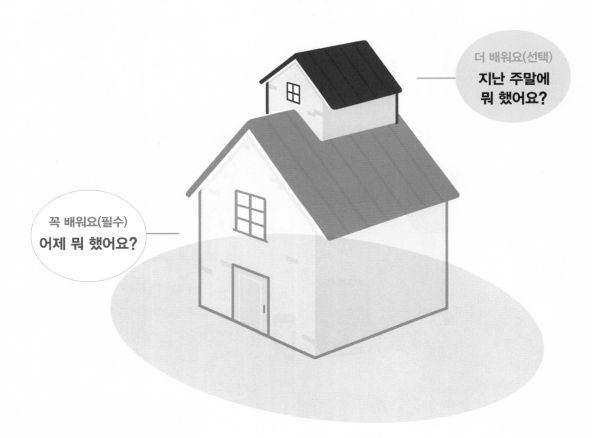

더 배워요(선택)
**지난 주말에
뭐 했어요?**

꼭 배워요(필수)
어제 뭐 했어요?

친구를 만나러
공원에 갔어요

지난 주말에
뭐 했어요?

아침부터 점심까지
운동을 했어요.

할머니를 만나러 갔어요.

비행기로 제주도에 갔어요.

함께 이야기해 봐요

1. 주말에 뭐 했어요?

2. 어디에 뭐 하러 갔어요?

대화해 봐요 1

 선영이가 뭐 하러 가요? 로 확인해 보세요.

호민이하고 선영이가 어제 일을 이야기해요. 먼저 로 확인해 보세요.

▌▌ 질문에 답하세요.

1. 내용과 같으면 ○, 다르면 ✕ 하세요.

   (1) 호민이는 일요일에 공원에 갔어요. (   )

   (2) 호민이는 저녁에 공원에서 농구를 했어요. (   )

   (3) 선영이는 공원에서 친구하고 자전거를 탔어요. (   )

2. 여러분은 어제 저녁에 뭐 했어요?

   ➜ _____

  호민이는 왜 늦었어요?
🔲로 확인해 보세요.

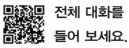 전체 대화를 들어 보세요.

▨ 활용하기

정호하고 안나가 어제 일을 이야기해요.

 : 정호야, 어제 뭐 했어?

 : 아침부터 점심까지 친구하고 운동을 했어.

 : 그리고 뭐 했어?

 : 책을 사러 서점에 갔어.

대화해 봐요 2

 소연이가 집에서 엄마하고 이야기를 해요. 로 확인해 보세요.

 소연이가 수호하고 주말 이야기를 해요. 먼저 로 확인해 보세요.

▋▋ 질문에 답하세요.

1. 내용과 같으면 ○, 다르면 ✕ 하세요.

(1) 소연이는 오늘 대전에 가요.　　　　　　　　（　　　　　）

(2) 소연이의 할머니는 대전에 있어요.　　　　　（　　　　　）

(3) 소연이는 대전까지 기차를 타고 갔어요.　　　（　　　　　）

2. 여러분은 지난 주말에 어디에 갔어요? 무엇을 타고 갔어요?

➜ _____

 소연이가 대전에서 뭐 했어요?
📱로 확인해 보세요.

 전체 대화를
들어 보세요.

▨ 활용하기

　나나하고 민우가 주말 이야기를 해요.

 : 민우야, 제주도까지 배로 갔어? 비행기로 갔어?

 : 아, 공항에서 비행기를 타고 갔어.

 : 그래? 제주도까지 얼마나 걸려?

 : 비행기로 한 시간 걸려.

읽고 써 봐요

¤ **다음을 읽고 질문에 답하세요.**

일기 소연이의 일기 내용 이해하기

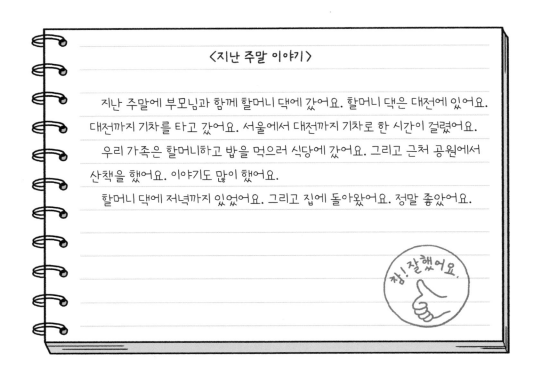

⟨지난 주말 이야기⟩

지난 주말에 부모님과 함께 할머니 댁에 갔어요. 할머니 댁은 대전에 있어요.
대전까지 기차를 타고 갔어요. 서울에서 대전까지 기차로 한 시간이 걸렸어요.

우리 가족은 할머니하고 밥을 먹으러 식당에 갔어요. 그리고 근처 공원에서
산책을 했어요. 이야기도 많이 했어요.

할머니 댁에 저녁까지 있었어요. 그리고 집에 돌아왔어요. 정말 좋았어요.

참! 잘했어요.

1. 읽은 내용과 같으면 ○, 다르면 ✕ 하세요.

  (1) 소연이는 기차로 대전에 갔어요.　　　　　　　　(　　　　)

  (2) 서울에서 대전까지 한 시간 걸렸어요.　　　　　　(　　　　)

  (3) 소연이는 할머니 댁에서 밥을 먹었어요.　　　　　(　　　　)

2. 소연이는 지난 주말에 뭐 했어요?

3. 소연이는 할머니하고 뭐 했어요?

¤ 지난 주말에 무엇을 했어요? 메모해 보세요.

예) 아침에 안나를 만나다

¤ 위 메모를 보고 '지난 주말 이야기'를 써 보세요.

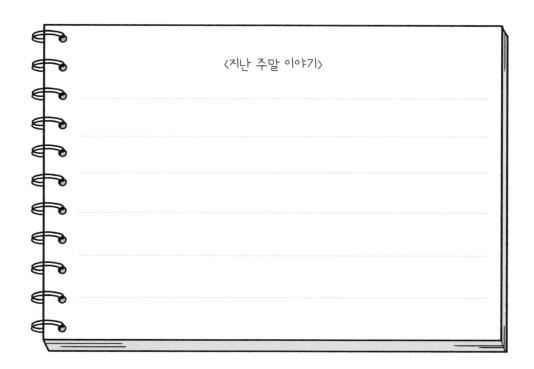

<지난 주말 이야기>

05 운동장에서 축구를 할 거예요

● 5과에서 무엇을 배우는지 알아봅시다.

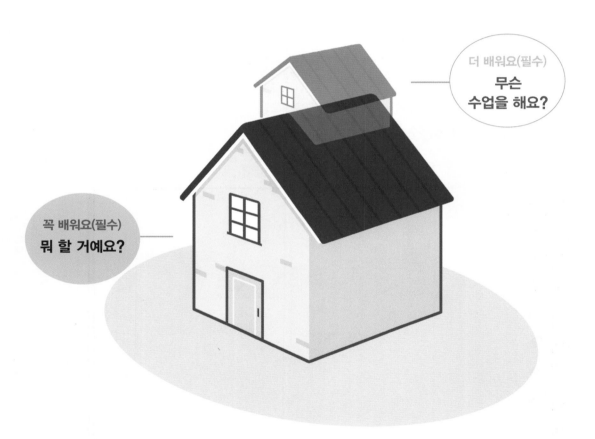

더 배워요(필수)
**무슨
수업을 해요?**

꼭 배워요(필수)
뭐 할 거예요?

함께 이야기해 봐요

1. 오늘 무슨 수업이 있어요?

2. 수업 시간에 무엇을 할 거예요?

어휘를 배워요

● 무슨 수업을 해요?

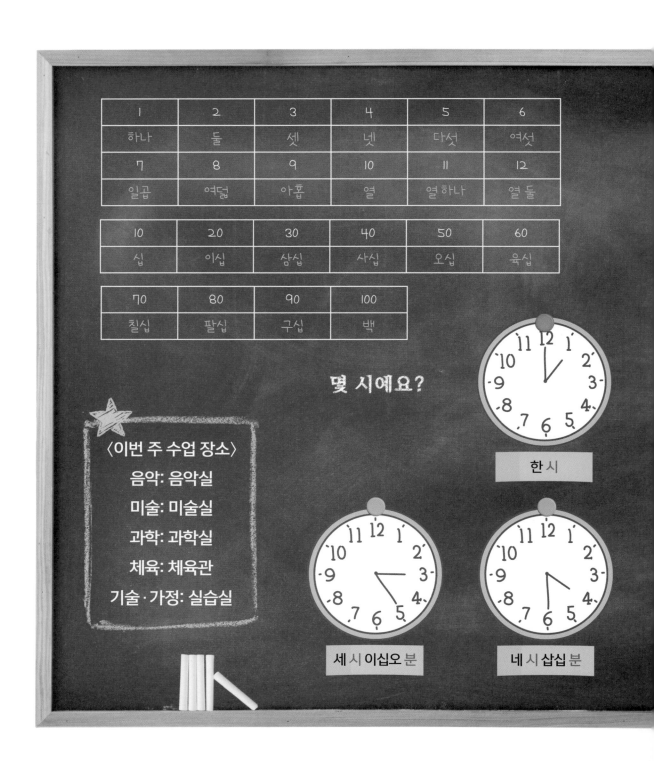

1	2	3	4	5	6
하나	둘	셋	넷	다섯	여섯
7	8	9	10	11	12
일곱	여덟	아홉	열	열하나	열둘

10	20	30	40	50	60
십	이십	삼십	사십	오십	육십

70	80	90	100
칠십	팔십	구십	백

몇 시예요?

한 시

〈이번 주 수업 장소〉

음악: 음악실

미술: 미술실

과학: 과학실

체육: 체육관

기술·가정: 실습실

세 시 이십오 분

네 시 삼십 분

〈다음 주 준비물〉
미술: 스케치북
음악: 리코더

두 시 오 분

다섯 시 십오 분

시간표

교시 \ 요일	월요일	화요일	수요일	목요일	금요일
1교시	국어	도덕	국어	수학	수학
2교시	사회	기술 가정	사회	도덕	체육
3교시	역사	음악	과학	국어	과학
4교시	영어	체육	수학	역사	국어
5교시	수학	영어	영어	음악	기술 가정
6교시	미술	수학	도덕	영어	사회
7교시	과학	학교 스포츠		창의적 체험활동	

기타, 날씨, 매점, 산,
내일, 다음, 쉬는 시간, 점심시간, 토요일,
그림을 그리다, 비가 오다, 기다리다,
끝나다, 만들다, 배우다, 빌리다, 준비하다,
갈아입다, 앉다, 펴다,
심심하다

문법을 배워요 1

① 선영아, 점심시간에 뭐 할 거야?

② 도서관에 갈 거야.

③ 책을 빌리러 가?

④ 응. 그리고 도서관에서 책을 읽을 거야.

–을 거예요/거야

–ㄹ 거예요/거야

미래 행위에 대한 의지를 나타내는 표현.

쉬는 시간에 책을 읽을 거예요.

내일 뭐 할 거예요?

공원에서 친구를 만날 거야.

● '–을 거예요/거야'를 사용하여 〈보기〉와 같이 이야기해 보세요.

〈보기〉
가: 점심시간에 뭐 할 거예요?
나: <u>운동장에서 축구할 거예요.</u> (운동장에서 축구하다)

(1) 친구하고 매점에 가다

(2) 교실에서 음악을 듣다

여러분은 오후에 뭐 할 거예요? 이야기해 보세요.

문법을 배워요 2

① 선생님, 내일 미술 시간에 뭐 할 거예요?

② 미술실에서 그림을 그릴 거예요.

③ 준비물이 있어요?

④ 네, 스케치북을 준비하세요.

-으세요

-세요

명령, 요청의 뜻을 나타내는 종결 어미.

손을 씻으세요.

의자에 앉으세요.

교과서 98쪽을 펴세요.

● '-으세요'를 사용하여 〈보기〉와 같이 이야기해 보세요.

〈보기〉
가: 선생님, 다음 시간에 뭐 해요?
나: 요리를 할 거예요. 실습실에서 기다리세요. (요리를 하다, 실습실에서 기다리다)

(1) 노래를 배우다, 음악실에 가다

(2) 농구를 하다, 체육복으로 갈아입다

여러분은 다른 사람에게 어떤 요청을 해요? '-으세요'를 사용하여 말해 보세요.

문법을 배워요 3

① 민우야, 이번 주말에 뭐 할 거야?

② 게임도 하고 영화도 볼 거야. 너는 뭐 할 거야?

③ 나는 토요일에는 숙제를 하고 일요일에는 운동을 할 거야.

–고

두 가지 이상의 대등한 사실을 나열할 때 쓰는 연결 어미.

빵도 먹고 우유도 마셔요.
엄마는 요리하고 동생은 텔레비전을 봐요.
연필은 책상 위에 있고 공책은 가방 안에 있어요.

● '–고'를 사용하여 〈보기〉와 같이 완성해 보세요.

> 〈보기〉   누나는 공부를 하고 동생은 게임을 해요. (누나는 공부를 하다)

(1) _____ 와니는 책을 읽어요. (영수는 기타를 배우다)

(2) _____ 내일은 리코더를 배워요. (오늘은 수학을 공부하다)

여러분은 주말에 무엇 무엇을 할 거예요? '–고'를 사용하여 말해 보세요.

문법을 배워요 4

① 선생님, 오늘 체육 시간에 뭐 해요?

② 비가 오면 교실에서 공부할 거예요.

③ 비가 안 오면 운동장에서 축구를 할 거예요.

–으면

–면

불확실한 사실을 가정하여 말할 때 쓰는 연결 어미.

내일 날씨가 좋으면 산에 갈 거예요.

친구를 만나면 뭐 할 거예요?

수업이 끝나면 칠판을 닦으세요.

● '–으면'을 사용하여 〈보기〉와 같이 완성해 보세요.

〈보기〉 <u>친구를 만나면</u> 영화를 볼 거예요. (친구를 만나다)

(1) _____ 산책할 거예요. (공원에 가다)

(2) _____ 휴대 전화로 음악을 들을 거예요. (심심하다)

날씨가 좋아요. 뭐 할 거예요? '–으면'을 사용하여 말해 보세요.

한국인의 공부 문화를 엿보다

¤ **친구들이 어디에서 공부해요?**

도서관

여기는 도서관이야. 책도 읽고 공부도 해.

여기는 독서실이야. 여기에서는 밤에도 공부를 할 수 있어.

독서실

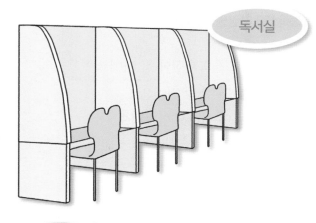

커피숍

여기는 커피숍이야. 친구들하고 공부도 하고 차도 마셔.

¤ 어떻게 공부해요?

여러분은 보통 어디에서 공부해요? 어떻게 공부해요?

05 더 배워요

◉ 5과에서 무엇을 배우는지 알아봅시다.

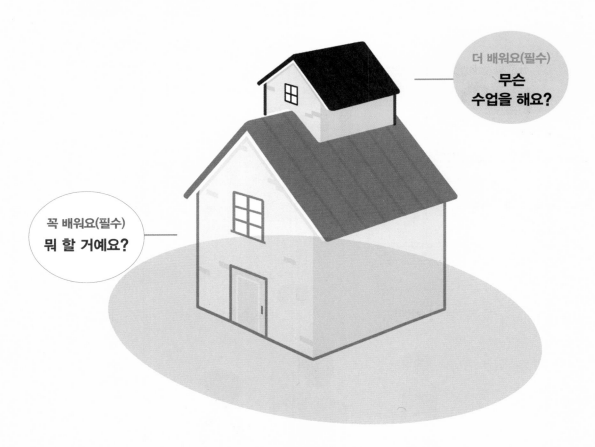

더 배워요(필수)
무슨 수업을 해요?

꼭 배워요(필수)
뭐 할 거예요?

5교시는 미술 수업이야.

리코더를 안 가져왔어.

무슨 수업을 해요?

박물관에 갈 거예요.

체육 수업은 체육관에서 할 거예요.

함께 이야기해 봐요

1. 학교 도서관은 언제 열어요?

2. 오후에 무슨 계획이 있어요?

대화해 봐요 1

 미술 수업 준비물이 뭐예요? 로 확인해 보세요.

 와니와 정호는 미술 준비물을 가져왔어요? 먼저 로 확인해 보세요.

질문에 답하세요.

1. 내용과 같으면 ○, 다르면 ✕ 하세요.

   (1) 5교시에는 미술 수업이 있어요.　　　　　　　　(　　　)

   (2) 정호는 미술 준비물을 가져왔어요.　　　　　　(　　　)

   (3) 정호는 3반 친구한테 스케치북을 빌렸어요.　(　　　)

2. 여러분은 수업 시간에 무슨 준비물을 가져와요?

   ➡ _____

 정호는 미술 준비물을 빌렸을까요?
📱로 확인해 보세요.

 전체 대화를 들어 보세요.

▨ **활용하기**

호민이가 다음 수업을 준비해요.

 : 안나야, 4교시 수업이 뭐야?

 : 음악 수업이야. 너 리코더 가져왔어?

 : 아, 리코더를 안 가져왔어.

 : 2반에 친구가 있으면 그 친구한테 빌려. 2반도 오늘 음악 수업이 있어.

대화해 봐요 2

무슨 숙제가 있어요? ▨로 확인해 보세요.

선생님이 다음 주 수업에 대해 이야기해요. 먼저 ▨로 확인해 보세요.

① 다음 주에 우리 반은 박물관에 갈 거예요.

② 와, 무슨 요일에 가요?

③ 금요일에 갈 거예요. 다음 주 금요일에는 학교에 오지 마세요. 박물관으로 오세요.

④ 선생님, 박물관에서 몇 시에 만나요?

⑤ 아침 9시 반에 만나요.

⑥ 네, 선생님. 그런데 무슨 옷을 입어요?

⑦ 교복을 입고 운동화를 신으세요.

▌▌ 질문에 답하세요.

1. 내용과 같으면 ◯, 다르면 ✕ 하세요.

   (1) 이번 주에 박물관에 갈 거예요.　　　(　　　)

   (2) 다음 주 금요일에는 학교에 안 와요.　　　(　　　)

   (3) 박물관에서 오전 9시 30분에 만나요.　　　(　　　)

2. 여러분은 이번 주에 무슨 수업이 있어요? 그 수업 시간에 무엇을 해요?

   ➜ _____

  박물관에서 어떻게 해요?
로 확인해 보세요.

 전체 대화를 들어 보세요.

▨ 활용하기

수호와 선생님이 체육 수업에 대해 이야기해요.

 : 선생님, 오늘 체육 시간에 무슨 운동을 해요?

 : 농구를 할 거예요.

 : 운동장에서 해요?

 : 아니요, 체육관에서 할 거예요. 운동장에 나가지 마세요.

읽고 써 봐요

¤ 다음을 읽고 질문에 답하세요.

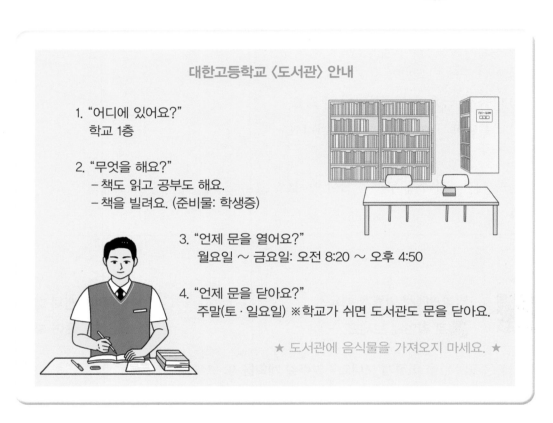

대한고등학교 〈도서관〉 안내

1. "어디에 있어요?"
   학교 1층

2. "무엇을 해요?"
   – 책도 읽고 공부도 해요.
   – 책을 빌려요. (준비물: 학생증)

3. "언제 문을 열어요?"
   월요일 ~ 금요일: 오전 8:20 ~ 오후 4:50

4. "언제 문을 닫아요?"
   주말(토·일요일) ※학교가 쉬면 도서관도 문을 닫아요.

★ 도서관에 음식물을 가져오지 마세요. ★

1. 읽은 내용과 같으면 ○, 다르면 ✕ 하세요.

   (1) 도서관은 학교 1층에 있어요.   (   )

   (2) 도서관에서 공부를 하고 책을 빌려요.   (   )

   (3) 도서관은 수요일에 6시 50분까지 문을 열어요.   (   )

2. 학교 도서관은 언제 문을 닫아요?

3. 학교 도서관에서 음식을 먹어요?

¤ 여러분은 오후에 뭐 할 거예요? 몇 시부터 몇 시까지 할 거예요?

	월요일	토요일
오후 4시	책을 읽다	
5시		
6시		
7시		
8시		
9시		
10시		

¤ 여러분은 일주일을 어떻게 보내요? 일주일 계획을 써 보세요.

월	책을 읽다	오후 4시부터 5시까지 책을 읽을 거예요.
화		
수		
목		
금		
토		
일		

06

새 실내화를 사고 싶어요

● 6과에서 무엇을 배우는지 알아봅시다.

더 배워요(선택)
이거 얼마예요?

꼭 배워요(필수)
무엇을 사고 싶어요?

함께 이야기해 봐요

1. 어디에서 물건을 사요?

2. 무엇을 사고 싶어요?

어휘를 배워요

● 서점에 물건을 사러 왔어요.

개, 고양이, 드라마, 바다, 춤, 키,
물병, 수첩, 모자, 창문, 닫다, 넣다,
새, 더, 자주, 좀,
들다, 좋아하다, 가르치다, 맞다, 알리다,
잘하다, 어떠하다, 바쁘다, 마음에 들다

노란색

하얀색

까만색

돈을 내다

돈을 받다

빨간색

파란색

예쁘다

팔다

필통 1개 2,000원

싸다

비싸다

1,500

20,000

오만 원   십 원

만 원   오십 원

오천 원   백 원

천 원   오백 원

문법을 배워요 1

① 지금 어디에 가요?

③ 마트에 뭐 사러 가요?

② 마트에 가요.

④ 실내화를 살 거예요.
새 실내화를 사고 싶어요.

-고 싶다

앞의 말이 나타내는 행동을 하기를 원함을 나타내는 표현.

가방을 사고 싶어.

영화를 보고 싶어요.

친구하고 떡볶이를 먹고 싶어요.

● '-고 싶다'를 사용하여 〈보기〉와 같이 이야기해 보세요.

〈보기〉 가: 오늘 오후에 뭐 하고 싶어요?
나: 친구를 만나고 싶어요. (친구를 만나다)

(1) 운동장에서 축구하다

(2) 집에서 쉬다

여러분은 일요일에 무엇을 할 거예요? '-고 싶다'를 사용하여 말해 보세요.

문법을 배워요 2

① 호민아, 그 운동화 어때? 작지 않아?

③ 마음에 들어?

② 네, 작지 않아요. 잘 맞아요.

④ 네, 예쁘고 마음에 들어요.

−지 않다

앞의 말이 나타내는 행위나 상태를 부정하는 뜻을 나타내는 표현.

이 가방은 비싸지 않아요.

어제는 날씨가 좋지 않았어요.

오늘은 게임을 하지 않을 거예요.

● '−지 않다'를 사용하여 〈보기〉와 같이 이야기해 보세요.

〈보기〉 가: 요즘 바빠요? (요즘 바쁘다)
나: 아니요, 요즘 바쁘지 않아요.

(1) 음악 소리가 크다

(2) 게임을 자주 하다

여러분은 무엇을 안 해요? '−지 않다'를 사용하여 말해 보세요.

① 유미야, 여기 빨간색 모자도 있고 파란색 모자도 있어.

② 와, 둘 다 예쁘다. 그런데 나는 빨간색보다 파란색을 더 좋아해.

③ 그럼 파란색 모자를 사.

④ 응, 파란색 모자 살 거야.

보다

서로 차이가 있는 것을 비교할 때, 비교의 대상이 되는 것을 나타내는 조사.

과학보다 수학을 더 잘해요.
동생보다 형이 키가 더 커요.
연필보다 볼펜이 더 비싸요.

● '보다'를 사용하여 〈보기〉와 같이 이야기해 보세요.

〈보기〉
가: 영화를 좋아해요? (영화)
나: 영화보다 드라마를 더 좋아해요. (영화, 드라마)

(1) 산, 바다

(2) 개, 고양이

수학하고 국어가 있어요. 여러분은 무슨 과목을 더 좋아해요? '보다'를 사용하여 말해 보세요.

문법을 배워요 4

① 《표준 한국어 2》 있어요?

② 네, 있어요.

③ 어디에 있어요? 좀 찾아 주세요.

④ 네, 잠시만 기다려 주세요.

–어 주다

–아 주다, –여 주다

남을 위해 앞의 말이 나타내는 행동을 함을 나타내는 표현.

창문을 닫아 주세요.

수호가 내 가방을 들어 줬어.

한 번 더 말해 주세요.

● '–어 주다'를 사용하여 〈보기〉와 같이 완성해 보세요.

> 〈보기〉　물병을 가방에 <u>넣어 주세요</u>. (가방에 넣다)

(1) 춤을 _____. (가르치다)

(2) 전화번호를 _____. (알리다)

친구한테 무슨 일을 해요? '–어 주다'를 사용하여 말해 보세요.

한국의 화폐를 만나다

¤ **한국 돈에 무슨 그림이 있어요?**

세종대왕 1397년~1450년
이분은 조선의 네 번째 왕이었어요.
그리고 한글을 만들었어요.

신사임당 1504년~1551년
이분은 화가, 작가, 시인이었어요.

율곡 이이 1536년~1584년
이분은 조선의 학자였어요.
이분은 신사임당의 아들이에요.

한국의 위인들

이황 1501년~1570년
이분은 조선의 학자였어요.

이순신 1545년~1598년
이분은 조선의 장군이었어요.

벼

다보탑

학

한국의 상징물

¤ 한국 돈 천 원은 다른 나라 돈으로 얼마예요?

나라	통화명	매매 기준 (2018. 10. 05. 기준)
미국	달러(USD)	0.88달러
유럽	유로(EUR)	0.77유로
일본	엔(JPY)	100.92엔
중국	위안(CNY)	6.12위안

여러분은 어느 나라의 돈을 가지고 있어요? 그 돈에 무슨 그림이 있어요?

06 더 배워요

● 6과에서 무엇을 배우는지 알아봅시다.

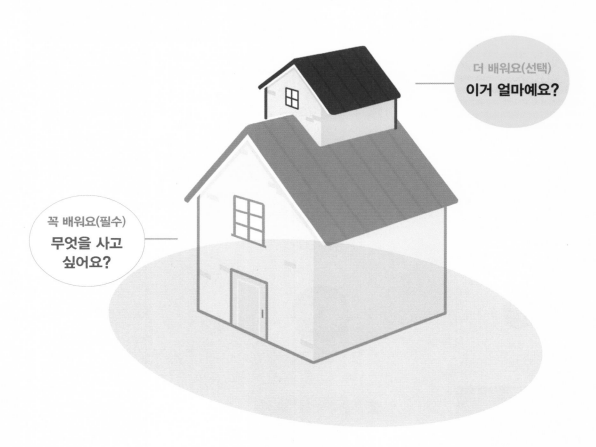

더 배워요(선택)
이거 얼마예요?

꼭 배워요(필수)
**무엇을 사고
싶어요?**

이 필통은 얼마예요?

한 병에 1,800원이에요.

이거 얼마예요?

가방 좀 보러 왔어요.

파란색 티셔츠 주세요.

함께 이야기해 봐요

1. 문구점에서 무엇을 샀어요? 몇 개 샀어요?

2. 여러분은 무슨 물건이 필요해요?

대화해 봐요 1

 안나하고 영수가 문구점에서 물건을 사요. 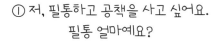로 확인해 보세요.

 안나가 무엇을 샀어요? 얼마예요? 먼저 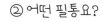로 확인해 보세요.

① 저, 필통하고 공책을 사고 싶어요.
필통 얼마예요?

② 어떤 필통요?

③ 이 분홍색 필통요.

④ 아, 이거는 7,000원이에요.

⑤ 그럼 저 공책은 얼마예요?

⑥ 저건 한 권에 2,000원이에요.

⑦ 필통 한 개하고 공책 두 권 계산해 주세요.

⑧ 네, 모두 11,000원입니다.

❚❚ 질문에 답하세요.

1. 내용과 같으면 ○, 다르면 ✕ 하세요.
   (1) 필통은 한 개에 칠천 원이에요.　　　　　　　　(　　　　　)
   (2) 공책은 두 권에 이천 원이에요.　　　　　　　　(　　　　　)
   (3) 안나는 필통 한 개하고 공책 한 권을 샀어요.　(　　　　　)

2. 여러분은 문구점에서 무엇을 사요? 그 물건은 얼마예요?

   ➜ _____

 안나는 어떤 필통을 샀어요?
로 확인해 보세요.

 전체 대화를 들어 보세요.

▨ 활용하기

호민이가 마트에서 주스를 사요.

 : 이 오렌지 주스 한 병에 얼마예요?

 : 한 병에 1,800원이에요.

 : 오렌지 주스 두 병 계산해 주세요.

 : 네, 모두 3,600원입니다.

대화해 봐요 2

 민우는 내일 뭐 하러 갈 거예요? 로 확인해 보세요.

 민우는 어떤 가방을 사요? 먼저 로 확인해 보세요.

질문에 답하세요.

1. 내용과 같으면 ○, 다르면 ✕ 하세요.

   (1) 까만색 가방은 회사원이 많이 사요.   (   )

   (2) 하얀색 가방은 까만색 가방보다 비싸요.   (   )

   (3) 민우는 까만색 가방보다 하얀색 가방이 마음에 들어요.   (   )

2. 여러분은 가게에서 무엇을 샀어요? 그것은 어떤 물건이에요?

   ➜ _____

 민우하고 엄마가 새 가방에 대해 이야기해요.
로 확인해 보세요.

 전체 대화를 들어 보세요.

■ **활용하기**

세인이가 옷 가게에서 티셔츠를 사요.

 : 어서 오세요. 무엇을 찾으세요?

 : 티셔츠를 좀 사러 왔어요.

 : 이 파란색 티셔츠는 어때요? 학생들이 많이 사요. 색깔도 예쁘고요.

 : 네, 마음에 들어요. 그거 주세요.

읽고 써 봐요

¤ **다음을 읽고 질문에 답하세요.**

영수증 보기

영수증
한국문구점

상호: 한국문구점
대표: 김수원
주소: 서울특별시 중구 232 한국빌딩 1층
TEL: 02-123-5678

상품명	단가	수량	금액
연필	700	3	2,100
공책	2,000	2	4,000
필통	7,300	1	7,300
파일	4,500	2	9,000
합계			22,400

1. 읽은 내용과 같으면 ○, 다르면 ✕ 하세요.

   (1) 연필을 세 자루 샀어요.   (   )

   (2) 공책은 한 권에 4,000원이에요.   (   )

   (3) 파일은 두 개에 4,500원이에요.   (   )

2. 무슨 물건을 샀어요? 몇 개 샀어요?

3. 모두 얼마예요?

¤ 문구점이에요. 무엇을 사고 싶어요? 그것은 얼마예요? 이야기해 보세요.

필통 4,600원

지우개 500원

형광펜 800원

자 500원

계산기 10,000원

연필 500원

가위 2,500원

스카치테이프 1,800원

칼 3,000원

수첩 2,000원

공책 1,500원

볼펜 1,200원

색연필 700원

¤ 무엇을 살 거예요? 몇 개 살 거예요? 돈이 얼마 필요해요? 쇼핑 목록을 써 보세요.

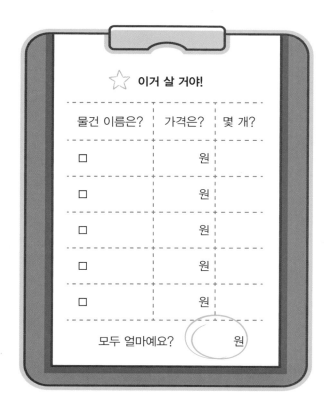

☆ 이거 살 거야!

물건 이름은?	가격은?	몇 개?
□	원	
□	원	
□	원	
□	원	
□	원	
모두 얼마예요?	원	

07

우리 라면 먹을까?

● 7과에서 무엇을 배우는지 알아봅시다.

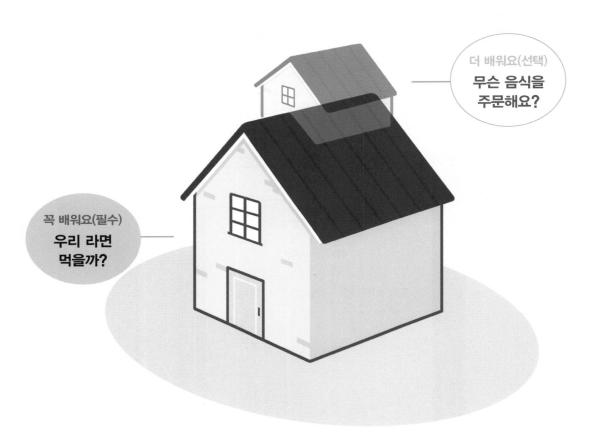

더 배워요(선택)
무슨 음식을 주문해요?

꼭 배워요(필수)
우리 라면 먹을까?

함께 이야기해 봐요

1. 여러분은 무슨 음식을 좋아해요?

2. 여러분은 친구들과 무슨 음식을 먹고 싶어요?

어휘를 배워요

● 오늘 급식 메뉴가 뭐예요?

급식실

차갑다

뜨겁다

정수기

많다

적다

맛있다

맛없다

김치

고기

반찬

밥

국

● 분식집에서 뭐 먹을까요?

분식집

메뉴

달다

짜다

시다

(음식을) 시키다

맵다

어묵

떡볶이

손님, 약, 잡채, 돈가스
그만, 같이, 너무, 조금,
지나다, 싫어하다, 만들다,
전화를 받다,
깨끗하다, 더럽다, 어렵다,
넓다, 쓰다(맛)

김밥

라면

튀김

① 우리 라면 먹을까?

② 그래, 좋아. 김밥도 같이 시킬까?

③ 응, 둘 다 시켜.

④ 여기 김밥하고 라면 주세요.

-을까(요)

-ㄹ까(요)

듣는 사람에게 의견을 묻거나 제안할 때 쓰는 종결 어미.

같이 점심을 먹을까?

창문을 닫을까요?

우리 도서관에 책을 읽으러 갈까?

● '-을까(요)'를 사용하여 〈보기〉와 같이 이야기해 보세요.

〈보기〉
가: 우리 분식집에 갈까요? (분식집에 가다)
나: 네, 좋아요. 분식집에 가요.

(1) 여기에 앉다

(2) 오렌지 주스를 마시다

오늘 친구하고 무엇을 같이 하고 싶어요? '-을까(요)'를 사용하여 친구에게 말해 보세요.

문법을 배워요 2

① 떡볶이 너무 매워.

② 그래? 그만 먹을까?

③ 아니야, 맵지만 맛있어. 더 먹을 거야.

④ 그럼 우유를 시킬까? 같이 먹으면 맵지 않을 거야.

-지만

앞에 오는 말을 인정하면서 그와 반대되거나 다른 사실을 덧붙일 때 쓰는 연결 어미.

가방이 예쁘지만 비싸요.

수학은 어렵지만 재미있어요.

저는 밥을 먹었지만 동생은 밥을 안 먹었어요.

● '-지만'을 사용하여 〈보기〉와 같이 완성해 보세요.

〈보기〉 음식이 맛있지만 가격이 비싸요. (음식이 맛있다)

(1) _____ 더러워요. (방이 넓다)

(2) 저는 _____ 배는 싫어해요. (사과를 좋아하다)

어떤 물건이 있어요. 그것은 뭐가 좋고 뭐가 안 좋아요? '-지만'을 사용하여 말해 보세요.

문법을 배워요 3

① 이 김밥 어때? 내가 만들었어.

② 와, 잘 만들었다. 그럼 잡채도 만들 수 있어?

③ 아니, 잡채는 만들 수 없어. 어려워.

④ 아, 잡채 먹고 싶다.

-을 수 있다/없다

-ㄹ 수 있다/없다

앞에 오는 말이 뜻하는 행위에 대한 능력이 있거나 없음을 나타내는 표현.

한글을 읽을 수 있어.

요리를 할 수 있어요?

지금은 전화를 받을 수 없어요.

● '-을 수 있다/없다'를 사용하여 〈보기〉와 같이 이야기해 보세요.

〈보기〉
가: 너는 불고기를 만들 수 있어? (불고기를 만들다)
나: 응, 불고기를 만들 수 있어. / 아니, 불고기를 만들 수 없어.

(1) 영어를 하다

(2) 자전거를 타다

여러분은 어떤 일을 해요? 그리고 어떤 일을 못 해요? '-을 수 있다/없다'를 사용하여 말해 보세요.

문법을 배워요 4

① 유미야. 우리 돈가스 먹으러 갈까?

② 아니. 배가 아파서 먹고 싶지 않아.

③ 많이 아파?

④ 괜찮아. 약 먹었어.
조금 지나면 안 아플 거야.

−어서

−아서, −여서

이유나 근거를 나타내는 연결 어미.

등교 시간에 늦어서 택시를 탔어요.
값이 너무 비싸서 안 샀어요.
이 식당은 음식이 맛있고 깨끗해서 손님이 많아요.

● '−어서'를 사용하여 〈보기〉와 같이 이야기해 보세요.

〈보기〉
가: 이 음식이 어때요?
나: 너무 짜서 먹을 수 없어요. (짜다)

(1) 쓰다

(2) 맵다

여러분은 어떤 일을 왜 해요? '−어서'를 사용하여 말해 보세요.

한국의 음식을 맛보다

¤ **한국에서는 이런 날에 이런 음식을 먹어요.**

명절 음식

떡국
음력 1월 1일 새해에 먹어요.

전   나물

송편
음력 8월 15일 추석에 먹어요.

잔치 음식

국수
결혼식 날에 국수를 먹어요.

잡채   불고기

미역국
생일에 먹어요.

¤ **한국에서는 이렇게도 먹어요.**

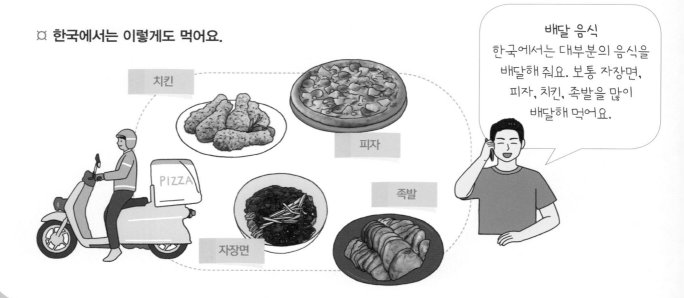

치킨

피자

족발

자장면

배달 음식
한국에서는 대부분의 음식을 배달해 줘요. 보통 자장면, 피자, 치킨, 족발을 많이 배달해 먹어요.

✿ 한국에는 어떤 식사 예절이 있어요?

숟가락과 젓가락을 써요.
국과 밥은 숟가락을 사용해요.
반찬은 젓가락을 사용해서 먹어요.

숟가락과 젓가락을 양손에 들고 먹지 않아요.

접시나 그릇을 들고 먹지 않아요.
식탁 위에 놓고 먹어요.

어른이 식사를 시작한 다음에 먹어요.

먹을 때 소리를 내며 먹지 않아요.

다른 나라의 특별한 음식이나 식사 예절을 알아요?

더 배워요

● 7과에서 무엇을 배우는지 알아봅시다.

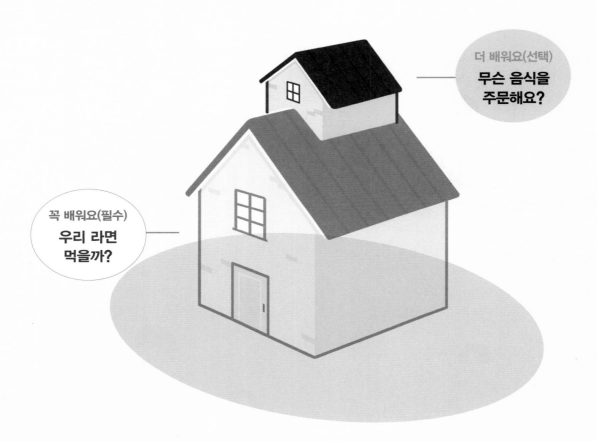

더 배워요(선택)
**무슨 음식을
주문해요?**

꼭 배워요(필수)
**우리 라면
먹을까?**

함께 이야기해 봐요

1. 여러분은 식당에서 무슨 음식을 먹었어요?

2. 여러분은 무슨 식당에 가고 싶어요? 왜 그 식당에 가고 싶어요?

이 분식집은 뭐가 맛있어요? 로 확인해 보세요.

 두 사람이 무슨 음식을 주문할까요? 먼저 로 확인해 보세요.

❚❚ 질문에 답하세요.

1. 내용과 같으면 ◯, 다르면 ✕ 하세요.

   (1) 호민이는 라면과 순대를 먹었어요.　　　　　(　　　　)

   (2) 호민이는 떡볶이를 먹고 싶지 않아요.　　　　(　　　　)

   (3) 두 사람은 라면과 순대도 시킬 거예요.　　　　(　　　　)

2. 여러분은 분식집에서 무슨 음식을 시키고 싶어요?

   ➡ _____

  호민이와 선영이는 왜 음식을 많이 시켰어요?
▦로 확인해 보세요.

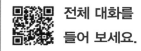 전체 대화를 들어 보세요.

▨ 활용하기

안나와 정호가 식당에서 주문을 해요.

 : 정호야, 우리 피자 먹을까?

 : 좋아. 그런데 치킨 정말 맛있겠다. 나 치킨도 먹고 싶어.

 : 치킨도? 피자하고 치킨을 다 시키면 너무 많지 않아?

 : 아니, 별로 많지 않아. 다 먹을 수 있어.

대화해 봐요 2

 민우가 어디에 전화를 했어요? 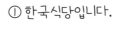로 확인해 보세요.

 민우가 전화로 음식을 주문해요. 먼저 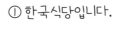로 확인해 보세요.

① 한국식당입니다.

② 네, 지금 배달돼요?
비빔밥 두 그릇이랑 냉면 한 그릇을
주문하고 싶어요.

③ 네, 손님. 그런데 지금
주문이 많아서
1시간 정도 걸려요. 괜찮아요?

④ 괜찮아요. 배고프지만
기다릴 수 있어요.

⑤ 그럼 주소 좀
알려 주세요.

⑥ 대한아파트 3동 204호예요.

⑦ 네, 주문해 줘서 고마워요.

▋▋ 질문에 답하세요.

1. 내용과 같으면 ○, 다르면 ✕ 하세요.
   (1) 민우는 비빔밥 한 그릇을 주문했어요.　　　　　(　　　　)
   (2) 주문이 많아서 비빔밥 배달이 늦을 거예요.　　　(　　　　)
   (3) 민우는 배가 고파서 기다릴 수 없어요.　　　　　(　　　　)

2. 여러분은 무슨 배달 음식을 자주 주문해요? 이야기해 보세요.

   ➜ _____

  비빔밥 배달이 빨리 왔을까요?
🔲로 확인해 보세요.

 전체 대화를 들어 보세요.

▨ 활용하기

나나가 식당에 전화를 해요.

 : 짬뽕 한 그릇을 주문하고 싶어요.

 : 네, 손님. 그런데 짬뽕이 매워요. 괜찮아요?

 : 괜찮아요. 지난주에도 먹었어요. 맛있었어요.

 : 감사합니다. 그런데 50분 정도 걸려요. 비가 많이 와서 천천히 갈 거예요.

읽고 써 봐요

☐ **다음을 읽고 질문에 답하세요.**

맛나식당
4.2 ★★★★☆

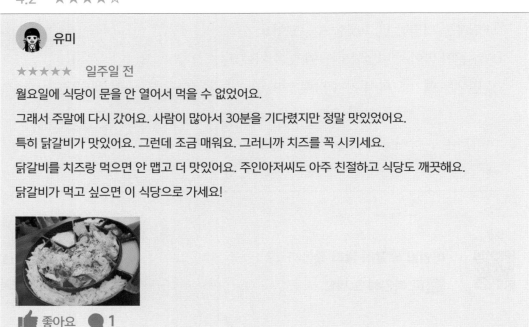

1. 읽은 내용과 같으면 ○, 다르면 ✕ 하세요.

   (1) 이 식당에 손님이 많아요.   (   )

   (2) 닭갈비가 맵지 않고 맛있어요.   (   )

   (3) 이 식당에서 치즈를 주문할 수 있어요.   (   )

2. 유미는 왜 식당에서 기다렸어요?

3. 이 식당은 뭐가 좋아요?

¤ 다음은 유미의 메모예요. 여러분은 어떤 식당에 가고 싶어요? 왜 그 식당에 가고 싶어요?

식당 이름	특히 맛있어요	좋아요 👍	별로 안 좋아요 👎
우리식당	비빔밥	값이 싸다, 반찬이 맛있다	주인이 불친절하다
제일식당	냉면	학교에서 가깝다, 식당이 깨끗하다	값이 비싸다
하루식당	돈가스	값이 싸다, 주인이 친절하다	학교에서 멀다

저는 　　　　　　　에 가고 싶어요.

왜 이 식당에 가고 싶어요?

¤ 위의 식당 중에서 하나를 선택하세요. 그리고 그 식당을 추천하는 글을 써 보세요.

식당 이름 :

4.2　★★★★☆

🧑 이름 :

☆☆☆☆☆　일주일 전

08

숙제를 언제까지 해야 돼?

● 8과에서 무엇을 배우는지 알아봅시다.

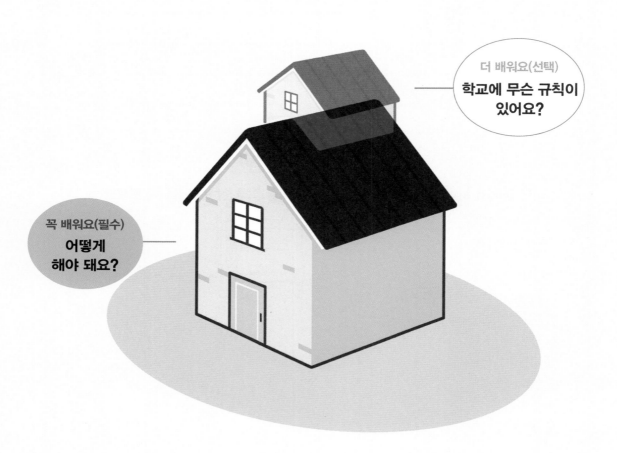

더 배워요(선택)
**학교에 무슨 규칙이
있어요?**

꼭 배워요(필수)
**어떻게
해야 돼요?**

학습 목표
학교생활 규칙을 안다.
해야 하는 것과 금지하는 것을 표현할 수 있다.

어휘 생활 지도 관련 어휘
문법 −어야 되다, −어도 되다,
　　　−으면 안 되다, −으면서

함께 이야기해 봐요

1. 오늘 숙제가 뭐예요?

2. 숙제를 언제까지 해야 돼요?

어휘를 배워요

수업 시간에 어떻게 해야 돼요? 무엇을 하면 안 돼요?

🔵 학교에서 어떻게 지내야 돼요? 무엇을 하면 안 돼요?

복도에서 뛰다

사물함을 정리하다

친구와 싸우다

친구를 도와주다

거짓말을 하다

줄을 서다

음식을 남기다

쓰레기를 줍다

규칙, 지키다,
밤, 에어컨, 청소기,
그럼, 아직, 이따가, 깨끗이,
걷다, 버리다, 사용하다, 지내다,
위험하다, 조심하다, 어떡하다

문법을 배워요 1

① 영수야, 수학 숙제 다 했어?

② 아니, 아직 안 했어. 오늘 밤에 할 거야.

③ 숙제는 언제까지 해야 돼?

④ 이번 주 금요일까지 해야 돼.

−어야 되다

−아야 되다, −여야 되다

반드시 그럴 필요나 의무가 있음을 나타내는 표현.

아침에 일찍 일어나야 돼요.
급식실에서는 줄을 서야 돼요.
학교에 8시까지 가야 돼.

● '−어야 되다'를 사용하여 〈보기〉와 같이 완성해 보세요.

> 〈보기〉　등교 시간을 잘 <u>지켜야 돼요</u>. (잘 지키다)

(1) 체육 시간에 _____. (체육복을 입다)
(2) 사물함을 _____. (깨끗이 정리하다)

어떤 규칙을 알고 있어요? '−어야 되다'를 사용하여 말해 보세요.

문법을 배워요 2

①나 오늘 국어 교과서를 안 가져왔어. 어떡해.

②내가 빌려줄까?

③정말? 빌려줘도 돼?

④응, 오늘 우리 반은 국어 수업이 없어서 괜찮아.

-어도 되다

-아도 되다, -여도 되다

어떤 행동에 대한 허락이나 허용을 나타낼 때 쓰는 표현.

내일은 학교에 안 가도 돼요.

이따가 전화해도 돼.

이 케이크를 먹어도 돼요?

● '-어도 되다'를 사용하여 〈보기〉와 같이 이야기해 보세요.

〈보기〉
가: 여기에 앉아도 돼요? (여기에 앉다)
나: 네, 그럼요.

(1) 창문을 열다

(2) 에어컨을 끄다

여러분은 선생님에게 무엇을 허락받고 싶어요? '-어도 되다'를 사용하여 선생님에게 말해 보세요.

문법을 배워요 3

① 수호야, 복도에서는 뛰면 안 돼.

② 왜 안 돼?

③ 학교 규칙이야.

④ 몰랐어. 알려 줘서 고마워.

뛰지 마시오

–으면 안 되다

–면 안 되다

어떤 행동이나 상태를 금지하거나 제한함을 나타내는 표현.

여기에 쓰레기를 버리면 안 돼요.

음식을 남기면 안 돼요.

수업 시간에 늦으면 안 돼.

● '–으면 안 되다'를 사용하여 〈보기〉와 같이 완성해 보세요.

〈보기〉 수업 시간에 <u>휴대 전화를 사용하면 안 돼요</u>. (휴대 전화를 사용하다)

(1) 밤에 _____ . (청소기로 청소하다)

(2) 도서관에서 _____ . (친구와 떠들다)

학교에 어떤 규칙이 있어요? '–으면 안 되다'를 사용하여 말해 보세요.

문법을 배워요 4

① 소연아, 조심해. 앞에 계단이 있어.

② 앗, 몰랐어요. 감사합니다, 선생님.

③ 휴대 전화를 보면서 걸으면 안 돼. 위험해.

④ 네, 알겠습니다.

–으면서

–면서

두 가지 이상의 동작이나 상태가 함께 일어남을 나타내는 연결 어미.

팝콘을 먹으면서 영화를 봤어요.

휴대 전화로 게임을 하면서 친구를 기다려.

저는 음악을 들으면서 공부를 해요.

● '–으면서'를 사용하여 〈보기〉와 같이 완성해 보세요.

> 〈보기〉　　주스를 마시면서 이야기를 해요. (주스를 마시다)

(1) _____ 만화책을 봐요. (밥을 먹다)

(2) _____ 청소를 해요. (노래를 하다)

두 가지 행동을 함께 해요. '–으면서'를 사용하여 말해 보세요.

한국 중고등학생의 생활 문화를 만나다

¤ 한국 학교에서는 교복을 입고 생활해요.

교복

학교 안에서 명찰을 달아야 돼요.
학교 밖에서는 달지 않아도 돼요.

생활복

명찰

학교에서 정한 교복을 입어야 돼요.
사복과 섞어 입으면 안 돼요.

생활복도 있어요.
교복보다 편해요.

¤ 교복을 깨끗이 입으면 후배에게 물려줄 수도 있어요.

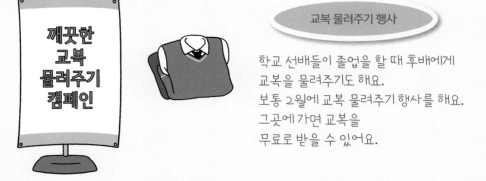

깨끗한
교복
물려주기
캠페인

교복 물려주기 행사

학교 선배들이 졸업을 할 때 후배에게
교복을 물려주기도 해요.
보통 2월에 교복 물려주기 행사를 해요.
그곳에 가면 교복을
무료로 받을 수 있어요.

✡ 학생들이 학교에서 이렇게 생활해요.

조회

학교에 오면 수업 시작 전에 담임 선생님과 학생들이 만나서 이야기를 해요. 선생님이 오늘 학생들이 해야 할 일을 알려 줘요. 가끔 전교생이 모여서 교장 선생님과 함께 전체 조회를 할 때도 있어요.

쉬는 시간

학교 안에 매점에 있어요. 그래서 쉬는 시간에 학생들이 매점에 가요. 아침을 안 먹은 학생들은 여기에서 음식을 사 먹어요. 공책이나 볼펜도 살 수 있어요.

점심시간

점심시간에 방송실에서 방송을 해 줘요. 음악을 틀어 주고 학생들이 보낸 편지를 읽어 줘요. 점심을 먹으면서 좋아하는 음악을 들을 수 있어요. 또 방송으로 재미있는 학생들의 이야기도 들을 수 있어요.

종례

정규 수업이 모두 끝나면 담임 선생님과 학생들이 모여서 인사해요. 담임 선생님이 공지 사항을 말해 줘요. 또는 그날 교실에서 특별한 일이 있었으면 그 일에 대해서 이야기를 해요.

방과 후 수업

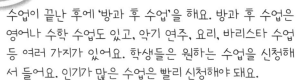

수업이 끝난 후에 '방과 후 수업'을 해요. 방과 후 수업은 영어나 수학 수업도 있고, 악기 연주, 요리, 바리스타 수업 등 여러 가지가 있어요. 학생들은 원하는 수업을 신청해서 들어요. 인기가 많은 수업은 빨리 신청해야 돼요.

다른 나라의 학교생활에 대해 무엇을 알고 있어요?

08 더 배워요

◌ 8과에서 무엇을 배우는지 알아봅시다.

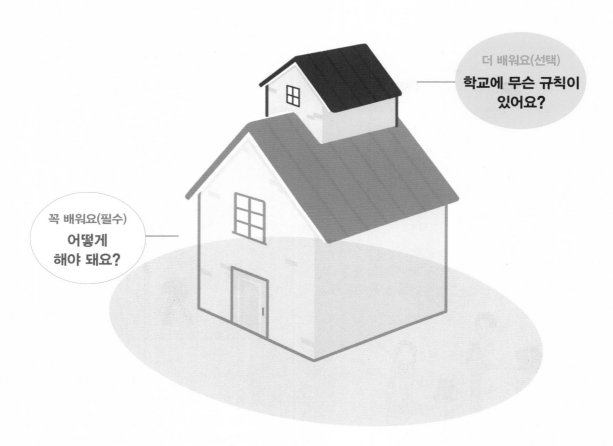

더 배워요(선택)
**학교에 무슨 규칙이
있어요?**

꼭 배워요(필수)
**어떻게
해야 돼요?**

함께 이야기해 봐요

1. 교실에서 어떻게 해야 돼요?

2. 우리 반에 무슨 규칙이 필요해요?

영수가 아침에 교실 문을 열고 들어와요. 로 확인해 보세요.

 영수는 왜 학교에 늦었어요? 먼저 로 확인해 보세요.

① 영수야, 오늘 왜 늦었어?

② 선생님, 죄송합니다. 학교 앞 정류장에서 내리지 않고 다른 정류장에서 내렸어요.

④ 버스 안에서 음악을 들으면서 책을 읽었어요. 그래서 버스 안내 방송을 들을 수 없었어요.

⑤ 그랬어? 다음부터는 그러지 마. 또 지각하면 안 돼.

③ 왜 학교 앞 정류장에서 안 내렸어? 무슨 일이 있었어?

⑥ 네, 알겠습니다. 앞으로는 지각하지 않겠습니다.

새 표현

그래서   안내 방송   그러다   또   앞으로   몸   피곤하다   -겠-(의지)   -습니다

질문에 답하세요.

1. 내용과 같으면 ○, 다르면 ✕ 하세요.
   (1) 영수는 다른 정류장에 잘못 내렸어요.   (   )
   (2) 영수는 버스를 기다리면서 음악을 들었어요.   (   )
   (3) 영수는 안내 방송을 들었지만 내리지 않았어요.   (   )

2. 여러분은 학교에 지각했어요? 왜 지각했어요?

   ➜ _____

  오늘은 영수에게 무슨 일이 있어요?
🔲로 확인해 보세요.

 전체 대화를 들어 보세요.

▧ 활용하기

선생님하고 안나가 이야기해요.

 : 안나야, 오늘 수업 시간에 왜 졸았어?

 : 선생님, 죄송해요. 어제 늦게 자서 몸이 많이 피곤했어요.

 : 그랬어? 내일부터는 밤에 일찍 자. 그리고 수업 시간에 졸면 안 돼.

 : 네, 선생님. 앞으로는 수업 시간에 졸지 않겠습니다.

나나는 왜 학교에 가고 싶지 않아요? 🔲로 확인해 보세요.

 나나가 선생님을 만나러 교무실에 왔어요. 먼저 🔲로 확인해 보세요.

① 나나야, 오늘은 몸이 좀 어때?

② 어제보다 괜찮아요. 어제 병원에서 주사도 맞고 약도 먹었어요.

③ 그래, 다행이다.

④ 그런데 선생님, 저 오늘 조퇴해도 돼요? 오늘도 병원에 가야 돼요.

⑤ 많이 안 아프면 조퇴하지 말고 잠깐 병원에 다녀와. 선생님이 외출증을 써 주면 돼.

⑥ 네, 선생님. 그럼 병원에 다녀오겠습니다.

▮▮ 질문에 답하세요.

1. 내용과 같으면 ○, 다르면 ✕ 하세요.

(1) 나나는 어제 아파서 병원에 갔어요.　　　　　　　(　　　　)

(2) 나나는 어제보다 몸이 더 아파요.　　　　　　　　(　　　　)

(3) 나나는 선생님에게 외출증을 받을 거예요.　　　　(　　　　)

2. 여러분은 조퇴나 외출을 했어요? 왜 했어요?

➜ _____

  병원에서 돌아온 나나가 세인이와 이야기를 해요. ▦로 확인해 보세요.

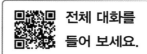 전체 대화를 들어 보세요.

▨ 활용하기

유미와 민우가 이야기를 해요.

 : 아, 배 아파. 아침부터 계속 아파.

 : 그럼 참지 말고 병원에 가.

 : 병원에 다녀와도 돼?

 : 응. 선생님께 외출증을 받으면 돼.

읽고 써 봐요

¤ **다음을 읽고 질문에 답하세요.**

안내문 · 학급 규칙 안내문 읽기

우리 반 규칙

① 친구와 선생님에게 먼저 인사하세요.

② 하루에 한 번 친구를 칭찬해 주세요.

③ 하루에 한 번 책상을 정리해야 돼요.

④ 수업 시간에 한 번 이상 선생님 질문에 대답해야 돼요.

– 친구가 규칙을 잘 지키면 선생님에게 말해 주세요.
– 규칙을 세 번 잘 지키면 칭찬 카드를 줄 거예요.

---

1. 읽은 내용과 같으면 ○, 다르면 ✕ 하세요.

   (1) 매일 친구를 칭찬하고 책상을 정리해야 돼요.   (   )

   (2) 우리 반에서는 친구를 만나면 먼저 인사해야 돼요.   (   )

   (3) 수업 시간에 선생님 질문에 두 번 대답하면 안 돼요.   (   )

2. 친구가 규칙을 잘 지키면 어떻게 해야 돼요?

3. 어떻게 하면 칭찬 카드를 받을 수 있어요?

¤ 우리 학교에는 어떤 규칙이 있어요? 서로 이야기하고 써 보세요.

¤ 우리 반의 규칙을 만들어 보세요.

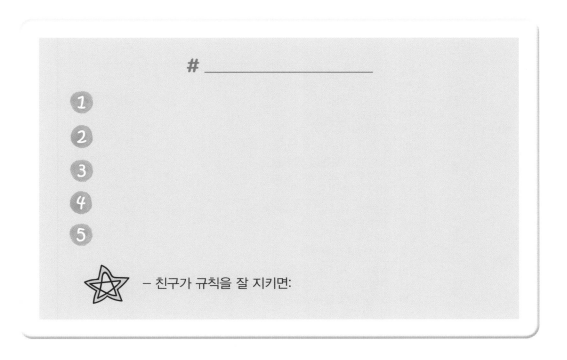

대화 지문

1과	대화 1	전	호민: 안녕? 이름이 뭐야? 와니: 나는 와니야. 너는 이름이 뭐야? 호민: 나는 호민이야. 만나서 반가워.
		후	호민: 안녕하세요. 제 이름은 호민입니다. 이진영 선생님: 어디에서 왔습니까? 호민: 저는 베트남에서 왔습니다. 이진영 선생님: 만나서 반갑습니다.
	대화 2	전	수호: 안녕? 나나: 어, 안녕? 수호: 내 이름은 수호야. 너는 이름이 뭐야? 나나: 나는 나나야.
		후	수호: 나나야, 너는 어디에서 왔어? 나나: 나는 중국에서 왔어. 수호야, 너는? 수호: 나는 몽골에서 왔어.

2과	대화 1	전	유미: 민우야, 이건 뭐야? 민우: 그건 책상이야. 유미: 그럼 저건 뭐야? 민우: 저건 의자야.
		후	민우: 유미야, 너는 휴대 전화가 있어? 유미: 응, 휴대 전화가 있어. 민우: 어디에 있어? 유미: 내 가방 안에 있어.
	대화 2	전	영수: 누나, 필통이 어디에 있어? 소연: 책상 위에 있어. 영수: 책상 위에 없어. 소연: 아! 필통이 가방 안에 있어.
		후	영수: 엄마! 실내화가 어디에 있어요? 엄마: 실내화? 책상 아래에 없어? 영수: 네, 책상 아래에 없어요. 아, 맞다! 엄마, 죄송해요. 　　　실내화가 학교 사물함 안에 있어요. 엄마: 아, 그래?

3과	대화 1	전	정호: 선영아, 오늘 뭐 해? 선영: 와니하고 도서관에 가. 정호, 너는? 정호: 나는 공원에 가. 선영: 공원에서 뭐 해? 정호: 영수하고 농구를 해.
		후	엄마: 정호야, 너 어디에 있어? 정호: 영수하고 공원에 있어요. 엄마: 언제 집에 오니? 정호: 지금 집에 가요.
	대화 2	전	엄마: 수호야, 뭐 하니? 수호: 방에 있어요. 엄마: 방에서 뭐 해? 수호: 친구하고 전화해요.
		후	엄마: 수호야, 어디에 가니? 수호: 편의점에 가요. 편의점에서 유미하고 민우를 만나요. 엄마: 그래, 일찍 집에 와. 수호: 네, 다녀오겠습니다.

4과	대화 1	전	엄마: 선영아, 어디에 가니? 선영: 친구하고 자전거를 타러 가요. 엄마: 숙제는 했니? 선영: 네, 아침에 했어요.
		후	호민: 엄마, 다녀왔습니다. 엄마: 호민아, 왔니? 왜 늦었어? 호민: 버스가 안 왔어요. 그래서 친구하고 걸어왔어요. 엄마: 아, 그랬어? 손 씻어. 그리고 저녁 먹어.
	대화 2	전	엄마: 소연아, 우리 이번 주말에 대전에 가. 소연: 아, 그래요? 엄마: 응, 할머니를 만나러 가. 소연: 와! 좋아요. 대전까지 어떻게 가요? 엄마: 기차로 가. 기차표도 예매했어.
		후	이진수 선생님: 여러분, 지난 주말에 뭐 했어요? 소연: 선생님, 저는 대전에 갔어요. 이진수 선생님: 대전에서 뭐 했어요? 소연: 할머니를 만났어요. 할머니와 밥을 먹었어요. 　　　그리고 이야기도 많이 했어요.

5과	대화 1	전	미술 선생님: 여러분, 내일 미술 시간에는 그림을 그릴 거예요. 와니: 선생님, 미술 준비물이 있어요? 미술 선생님: 네, 연필하고 스케치북을 가져오세요. 학생들: 네, 알겠습니다.
		후	정호: 안나야, 너 스케치북 있어? 안나: 응, 사물함에 있어. 왜? 정호: 5교시가 미술 수업이야. 그런데 스케치북을 안 가져왔어. 　　　스케치북 좀 빌려줘. 안나: 알았어. 그런데 나도 6교시에 미술 수업이 있어. 　　　끝나면 바로 돌려줘. 정호: 응, 알았어. 고마워.
	대화 2	전	김지영 선생님: 자, 오늘 수업은 여기까지예요. 수호: 선생님, 숙제는 없어요? 김지영 선생님: 교과서 90쪽을 두 번 읽으세요. 　　　　　그리고 새 단어가 있으면 사전에서 찾으세요. 수호: 네, 알겠습니다.
		후	김지영 선생님: 여러분, 오늘은 박물관을 구경할 거예요. 　　　　　박물관 안에서는 큰 소리로 이야기하지 마세요. 　　　　　그리고 열 두 시에 박물관 앞에서 다시 만나요. 학생들: 네, 선생님. 알겠습니다.

6과	대화 1	전	안나: 노란색 필통도 있고, 분홍색 필통도 있어. 영수야, 어떤 필통이 더 예뻐? 영수: 노란색 필통보다 분홍색 필통이 더 예뻐. 안나: 그래? 음, 난 노란색 필통을 살 거야. 영수: 그럼 나한테 왜 물었어? 안나: 하하하.	
		후	영수: 안나야, 노란색 필통 샀어? 안나: 아니, 분홍색 필통을 샀어. 영수: 뭐? 분홍색? 왜 노란색 필통을 사지 않았어? 안나: 하하하.	
	대화 2	전	민우: 엄마, 가방 사고 싶어요. 엄마: 가방 있지 않아? 또 사? 민우: 제 가방은 하얀색이에요. 까만색 가방이 필요해요. 엄마: 그래? 그럼 내일 백화점에 같이 가. 민우: 괜찮아요. 친구하고 같이 갈 거예요.	
		후	엄마: 민우야, 가방 샀어? 민우: 네, 여기요. 엄마: 하얀색 가방을 또 샀어? 까만색 가방은? 민우: 아, 맞다. 죄송해요. 　　　그런데 엄마, 하얀색이 가방이 까만색 가방보다 더 쌌어요. 히히. 엄마: 에이그, 잘 했다.	

7과	대화 1	전	아주머니: 어서 오세요. 뭘 드시겠어요? 선영: 아주머니, 여기 뭐가 맛있어요? 아주머니: 우리 집은 떡볶이가 제일 인기가 많아요. 맵지 않고 맛있어요.	
		후	아주머니: 음식 나왔어요. 그런데 친구들은 언제 와요? 호민: 친구요? 저희 둘이 먹을 거예요. 아주머니: 이걸 둘이서 다 먹을 수 있어요? 호민: 그럼요. 저희 지금 너무 배고파요.	
	대화 2	전	민우: 여보세요. 거기 한국식당이에요? 아주머니1: 아니요. 잘못 걸었어요. 민우: 02-1234-5678번 아니에요? 아주머니1: 아니에요. 여기는 5678이 아니고 5679번이에요. 민우: 죄송합니다.	
		후	선영: 비빔밥 아직 안 왔어? 식당에 다시 전화할까? 민우: 10분 더 기다려. 아직 한 시간 안 지났어. 선영: 그래? 너무 배고파. 민우: 알았어. 전화해. 선영, 민우: 왔다!	

8과	대화1	전	친구들: 어, 영수 왔다! 선영: 영수야, 무슨 일이야? 오늘 왜 늦었어? 영수: 아침에 일이 좀 있어서 늦었어. 선영: 그래? 선생님이 너를 기다려. 빨리 교무실로 가.	
		후	엄마: 영수야, 아침 일찍 어디 가? 영수: 학교요. 엄마, 저 늦었어요. 빨리 버스 타야 돼요! 엄마: 영수야, 오늘은 토요일이야. 영수: 네? 정말요?	
	대화2	전	엄마: 나나야, 일어나야 돼. 벌써 일곱 시 반이야. 나나: 엄마, 배가 좀 아파요. 엄마: 많이 아파? 그럼 학교에 가지 말고 집에서 쉬어. 나나: 그럼 엄마가 선생님에게 전화해 주세요.	
		후	세인: 어? 나나야, 너 집에 안 갔어? 나나: 어제보다 괜찮아서 조퇴하지 않고 병원에 다녀왔어. 세인: 그래? 다행이다. 나나: 다행? 나 조퇴하고 싶었어.	

정답

예비 1 한글: 글자와 발음 1

모음 1	03: 1) 어　2) 으　3) 오　4) 어　5) 에　6) 우　7) 오이　8) 우애 04: 1) 아　2) 우　3) 오　4) 이　5) 어　6) 으　7) 오이　8) 아이
자음 1	07: 1) 가구　2) 나무　3) 다리　4) 노래　5) 머리　6) 바지　7) 시조　8) 호미 08: 1) 고기　2) 나라　3) 마루　4) 소리　5) 지도　6) 호두　7) 라디오　8) 다리미 09: 1) 아기　2) 비누　3) 바지　4) 고기　5) 호두　6) 어머니
모음 2	12: 1) 벼　2) 얘　3) 여자　4) 애매　5) 야유　6) 요리　7) 교우　8) 야구 13: 1) 여가　2) 두유　3) 휴지　4) 교수　5) 시야　6) 효자　7) 이야기　8) 아니요
자음 2	16: 1) 코트　2) 차다　3) 싸요　4) 튀다 17: 1) 피부　2) 타조　3) 표지　4) 치마　5) 아빠　6) 꼬리 18: 차다 → 뿌리 → 꼬리 → 까치 → 벼 → 피 → 파다 → 도끼 → 따다 → 크다 19: 1) 카드　2) 코트　3) 피아노　4) 아빠　5) 까치　6) 토끼

예비 2 한글: 글자와 발음 2

모음 3	22: 1) 기와　2) 더워　3) 쥐　4) 돼지　5) 의자　6) 쉬다　7) 과자　8) 교외 23: 1) 사과　2) 화가　3) 쉬다　4) 워드　5) 의미　6) 돼지　7) 스웨터　8) 더워요 ▶암호 풀기: 1) 귀　2) 쥐　3) 화가　4) 추워요 24: 1) 과자　2) 스웨터　3) 의자　4) 스위치　5) 돼지　6) 사과
받침	27: 1) 강　2) 잠　3) 곡　4) 밥　5) 살　6) 양　7) 잔　8) 굽 ▶블록 쌓기: 1) 말, 글　2) 눈, 손　3) 공, 강　4) 입, 잎, 숲 　　　　　5) 곧, 끝, 빛, 갓, 낮　6) 밤, 잠　7) 책, 학, 밖, 약 28: 1) 산　2) 약　3) 가방　4) 사진　5) 서울　6) 입술　7) 연필　8) 책상　9) 받침 29: 1) ① 학교–② 교실　2) ① 사람–②사탕　3) ① 편지–② 지갑　4) ① 선생님–② 학생 ▶암호 만들기: 1) ⎿ ★ ▲　2) ⎿　★ ▲　3) ⎾ ★ ▲ ⏌ ★ ⎾ ★ 　　　　　　4) ▲ ★ ★ ⏌ ★ ⎿　▲ ★ 30: 1) 수박　2) 사랑　3) 김치　4) 엄마　5) 이불　6) 우산
종합 연습	35: 1) 머리　2) 눈　3) 얼굴　4) 팔　5) 손　6) 다리　7) 발 　　8) 코　9) 귀　10) 목　11) 어깨　12) 배　13) 엉덩이　14) 무릎

1과	
문법 1	(1) 친구예요 (2) 동생이에요
문법 2	(1) 수호는 / 고등학생이에요 (2) 동생은 / 초등학생이에요
문법 3	(1) 유미는 / 1학년 3반이야 (2) 동생은 / 2학년 4반이야
문법 4	(1) 1반이에요 / 1반이 아니에요 / 2반이에요 (2) 친구예요 / 친구가 아니에요 / 동생이에요
대화 1	1. (1) O (2) X (3) O
대화 2	1. (1) X (2) O
읽고 쓰기	1. (1) O (2) X (3) X 2. 대한중학교예요. 3. 1학년 3반이에요.

2과	
문법 1	(1) 책상이 (2) 시계가
문법 2	(1) 우산이 / 의자 아래에 (2) 교과서가 / 사물함 안에
문법 3	(1) 칠판하고 사물함이 (2) 텔레비전하고 컴퓨터가
문법 4	(1) 휴대 전화예요 / 영수의 휴대 전화예요 (2) 컴퓨터예요 / 선생님의 컴퓨터예요
대화 1	1. (1) O (2) X (3) X
대화 2	1. (1) X (2) X (3) O
읽고 쓰기	1. (1) O (2) X (3) X 2. 식탁 책상 위에 있어요. 3. 민우의 연필하고 지우개가 있어요.

3과	
문법 1	(1) 놀아요 (2) 이야기해요
문법 2	(1) 연필을 사요 / 연필을 안 사요 (2) 주스를 사요 / 주스를 안 마셔요
문법 3	(1) 마트에 (2) 병원에
문법 4	(1) 놀아요 / 운동장에서 놀아요 (2) 친구를 만나요 / 서점에서 친구를 만나요
대화 1	1. (1) X (2) O (3) O
대화 2	1. (1) O (2) X (3) O
읽고 쓰기	1. (1) O (2) O (3) X 2. 집에서 텔레비전을 봐요. 3. 편의점에서 만나요.

4과	
문법 1	(1) 집에서 청소를 했어요 (2) 공원에서 자전거를 탔어요
문법 2	(1) 오전에 (2) 저녁에
문법 3	(1) 책을 사러 가요 (2) 손을 씻으러 가요
문법 4	(1) 자전거로 (2) 수건으로
대화 1	1. (1) O (2) X (3) O
대화 2	1. (1) X (2) O (3) O
읽고 쓰기	1. (1) O (2) O (3) X 2. 할머니를 만나러 대전에 갔어요. 3. 식당에서 밥을 먹었어요. 근처 공원에서 산책했어요. 그리고 이야기도 했어요.

5과	
문법 1	(1) 친구하고 매점에 갈 거예요 (2) 교실에서 음악을 들을 거예요
문법 2	(1) 노래를 배울 거예요 / 음악실에 가세요 (2) 농구를 할 거예요 / 체육복으로 갈아입으세요
문법 3	(1) 영수는 기타를 배우고 (2) 오늘은 수학을 공부하고
문법 4	(1) 공원에 가면 (2) 심심하면
대화 1	1. (1) O (2) X (3) X
대화 2	1. (1) X (2) O (3) O
읽고 쓰기	1. (1) O (2) O (3) X 2. 주말에 문을 닫아요. 학교가 쉬면 도서관도 문을 닫아요. 4시 50분에 문을 닫아요. 3. 아니요. 학교 도서관에서 음식을 안 먹어요.

6과	
문법 1	(1) 운동장에서 축구하고 싶어요 (2) 집에서 쉬고 싶어요
문법 2	(1) 음악 소리가 커요 / 음악 소리가 크지 않아요 (2) 게임을 자주 해요 / 게임을 자주 하지 않아요
문법 3	(1) 산을 / 산보다 바다를 더 좋아해요 (2) 개를 / 개보다 고양이를 더 좋아해요
문법 4	(1) 가르쳐 주세요 (2) 알려 주세요
대화 1	1. (1) O (2) X (3) X
대화 2	1. (1) O (2) X (3) O
읽고 쓰기	1. (1) O (2) X (3) X 2. 연필을 세 자루 샀어요. 공책을 두 권 샀어요. 필통을 한 개 샀어요. 파일을 두 개 샀어요. 3. 모두 이만 이천 사백 원이에요.

7과	
문법 1	(1) 여기에 앉을까요 / 여기에 앉아요 (2) 오렌지 주스를 마실까요 / 오렌지 주스를 마셔요
문법 2	(1) 방이 넓지만 (2) 사과를 좋아하지만
문법 3	(1) 영어를 할 수 있어 / 영어를 할 수 있어 / 영어를 할 수 없어 (2) 자전거를 탈 수 있어 / 자전거를 탈 수 있어 / 자전거를 탈 수 없어
문법 4	(1) 써서 (2) 매워서
대화 1	1. (1) X (2) X (3) O
대화 2	1. (1) X (2) O (3) X
읽고 쓰기	1. (1) O (2) X (3) O 2. 손님이 많아서 기다렸어요. 3. 주인아저씨가 아주 친절하고 식당도 깨끗해요.

8과	
문법 1	(1) 체육복을 입어야 돼요 (2) 깨끗이 정리해야 돼요
문법 2	(1) 창문을 열어도 돼요 (2) 에어컨을 꺼도 돼요
문법 3	(1) 청소기로 청소하면 안 돼요 (2) 친구와 떠들면 안 돼요
문법 4	(1) 밥을 먹으면서 (2) 노래를 하면서
대화 1	1. (1) O (2) X (3) X
대화 2	1. (1) O (2) X (3) O
읽고 쓰기	1. (1) O (2) O (3) X 2. 선생님에게 말해야 돼요. 3. 규칙을 세 번 지키면 칭찬 카드를 받을 수 있어요.

어휘 색인

ㅈ

문법 색인

담당 연구원 ——
정혜선 국립국어원 학예연구사
박지수 국립국어원 연구원

집필진 ——
책임 집필
심혜령 배재대학교 한국어문학과 교수

공동 집필
내용 집필

박석준 배재대학교 한국어문학과 교수
김윤주 한성대학교 크리에이티브인문학부 교수
문정현 배재대학교 미래역량교육부 교수
이미향 영남대학교 국제학부 교수
이숙진 강남대학교 어학교육원 강사
이은영 전북대학교 언어교육부 강사
홍종명 한국외국어대학교 한국어교육과 교수
오현아 강원대학교 국어교육과 교수
이선중 경희대학교 국제교육원 객원교수
황성은 배재대학교 글로벌교육부 교수

내용 검토

조영철 인천담방초등학교 교사
김형순 인천한누리학교 교사

연구 보조원

김경미 배재대학교 한국어교육원 강사
김세정 한남대학교 한국어교육원 강사
최성렬 배재대학교 한국어교육학과 박사 과정
김미영 우석대학교 한국어교육지원센터 강사

박현경 배재대학교 한국어교육원 강사
이창석 배재대학교 한국어교육원 강사
주명진 인천영종고등학교 교사
김진희 대구북동중학교 교사

중고등학생을 위한
표준 한국어
의사소통 1

ⓒ 국립국어원 기획 | 심혜령 외 집필

초판 1쇄 발행 | 2019년 2월 28일
초판 7쇄 발행 | 2024년 11월 7일

기획 | 국립국어원
지은이 | 심혜령 외
발행인 | 정은영
책임 편집 | 김윤정
디자인 | 디자인봄
일러스트 | 조은혜
사진 제공 | 셔터스톡

펴낸 곳 | 마리북스
출판 등록 | 제2019-000292호
주소 | (04037) 서울특별시 마포구 양화로 59 화승리버스텔 503호
전화 | 02)336-0729   팩스 | 070)7610-2870
이메일 | mari@maribooks.com
인쇄 | (주)신우인쇄

ISBN 978-89-94011-01-1 (54710)
    978-89-94011-00-4 (54710) set